Stories for girls

Varvara P. Andreevskaya

Рассказы для девочек

Варвара П. Андреевска

Stories for girls

ISNB: 978-1-60444-896-2

Рассказы для девочек

ISNB: 978-1-60444-896-2

РАССКАЗЫ ДЛЯ ДЕВОЧЕК

КРАСАВИЦА ДОРА

Время подходило къ Рождественскимъ праздникамъ; по шумнымъ, многолюднымъ улицамъ Петербурга было замѣтно особенное оживленіе; на-встрѣчу то и знай попадались прохожіе и проѣзжіе, нагруженные различными пакетами, свертками, корзинками. Всѣ они словно торопились куда-то, словно боялись опоздать, и ежели останавливались на нѣсколько минутъ, то исключительно около кандитерскихъ или игрушечныхъ магазиновъ, въ зеркальныхъ окнахъ которыхъ было выставлено множество изящныхъ, разнообразныхъ и конечно весьма дорогихъ вещей.

– Мама, посмотри какая превосходная кукла!– сказала одна маленькая дѣвочка, обратившись къ матери:– купи мнѣ ее, подари на елку, я буду такъ рада... такъ счастлива... назову Дорой... мнѣ давно хотѣлось имѣть красавицу куклу, и назвать этимъ именемъ.

– Хорошо, дитя мое, съ большимъ удовольствіемъ, только не сегодня.

– Почему же, мамочка, не сегодня?

– Во-первыхъ, я не взяла съ собою денегъ, а во-вторыхъ, какъ ты сама знаешь, намъ надо отправиться по дѣламъ довольно далеко, и таскать съ собою такую тяжелую ношу неудобно.,

– А если тѣмъ временемъ ее кто-нибудь купитъ?

– Поищемъ другую.

– Трудно будетъ найти другую, такую красивую.

– Найдемъ, дастъ Богъ, не одна же она въ цѣломъ Петербургѣ.

– Но позволь по крайней мѣрѣ войти въ магазинъ и узнать цѣну.

– Хорошо,– согласилась мама.

Катя, такъ звали дѣвочку, начала поспѣшно взбираться по ступенькамъ; мать осталась на тротуарѣ, по ожидать пришлось не долго – черезъ нѣсколько минутъ стройная, изящная фигурка ея снова показалась въ дверяхъ.

– Всего пятнадцать рублей, мамочка; я думала гораздо дороже...

– Да, это конечно очень дешево для такой превосходной куклы,– замѣтила мама, и пошла далѣе. Катя, безпрестанно оглядываясь назадъ, нехотя послѣдовала за нею.

– Барышня, а барышня!– раздался вдругъ около слабый дѣтскій голосокъ.

Катя остановилась и увидѣла въ нѣсколькихъ шагахъ отъ себя маленькую, очень бѣдно одѣтую дѣвочку.

– Купите у меня какую-нибудь бездѣлицу! – и дѣвочка, держа въ рукахъ низкій четырехугольный ящикъ, ловко сдернула съ него дырявую, пеструю салфетку, подъ которой находилось множество различныхъ, лубочныхъ бонбоньерокъ, въ видѣ домиковъ, мельницъ, кастрюлекъ и т. п.

– Купите, милая барышня, недорого отдамъ!

Катя мимоходомъ бросила бѣглый взглядъ въ ящикъ, но занятая мыслью о превосходной куклѣ, не имѣла ни малѣйшаго желанія пріобрѣсти бонбоньерки, и молча прошла далѣе. Дѣвочка глубоко вздохнула.

– Ахъ, барышня, барышня, считаете бездѣлицею заплатить въ магазинѣ за куклу пятнадцать рублей и не можете выкинуть нѣсколько мѣдныхъ копѣечекъ, чтобы дать возможность бѣдному человѣку купить кусокъ чернаго хлѣба,– проговорила она сквозь слезы.

Г-жа Алымова, т.-е. мать Кати, случайно услыхала эти слова; они схватили ее за сердце; добрая женщина сдѣлала нѣсколько шаговъ назадъ, чтобы вернуть дѣвочку, но послѣдняя въ эту минуту стояла около какого-то мужчины, одѣтаго въ суконный тулупъ, и съ сіяющей физіономіей отсчитывала ему съ разу нѣсколько дюжинъ бонбоньерокъ.

Мужчина оказался купцомъ изъ мелочной лавочки; обрадовавшись менѣе чѣмъ невысокой цѣнѣ предлагаемаго товара, онъ съ большимъ удовольствіемъ взялъ его весь сполна, заплатилъ деньги и отправился своей дорогой, а дѣвочка долго еще стояла на мѣстѣ, зажавъ въ посинѣлый отъ холода кулачекъ полученныя деньги.

– Продала?– спросила ее г-жа Алымова.

– Да, сударыня, Господь послалъ добраго человѣка,– отозвалась она радостно.

– Бѣдняжка! Ты должно быть очень нуждаешься въ деньгахъ, ежели, несмотря на сильный морозъ и стужу, ходишь по улицамъ съ товаромъ безъ теплыхъ сапогъ и шубки.

Дѣвочка молча опустила глаза, и Катя, которая, слѣдуя примѣру матери, тоже подошла къ ней, увидѣла какъ по блѣдненькимъ щечкамъ ея скатились двѣ крупныя слезы.

Г-жа Алымова повторила свой вопросъ.

– Конечно, сударыня,– отвѣчала она:– ежелибъ мнѣ не удалось сегодня продать мои коробочки, то не на что было бы купить для мамы не только лѣкарства, но даже хлѣба.

– А твоя мама нездорова?

– Да.

2

– И вы очень бѣдны?

Дѣвочка вмѣсто отвѣта горько заплакала.

– Мамочка,– шептала Катя,– у меня въ карманѣ есть немного мелкихъ денегъ, можно отдать ихъ этой несчастной малюткѣ?

Мама утвердительно кивнула головой. Катя вынула изъ кармана пунцовый плюшевый кошелекъ и высыпала на руку маленькой торговки все, что тамъ находилось.

– Что вы, что вы, барышня,– отозвалась послѣдняя: – развѣ можно такъ много!.. Нѣтъ, я не возьму...

– Отчего?

– Мнѣ совѣстно.

– Вовсе не много; это тебѣ только кажется.

И во избѣжаніе дальнѣйшихъ объясненій, сію минуту отошла прочь.

– Пошли вамъ Господи добраго здоровья,– говорила вслѣдъ ей маленькая Стеша – такъ звали бѣдную дѣвочку:– вотъ-то мама и Николка обрадуются, когда увидятъ, что я принесла такое множество денегъ!– продолжала она разсуждать вслухъ, быстро шагая но обледенѣлому тротуару и заворачивая изъ улицы въ улицу.

Путешествіе ея затянулось довольно долго, такъ какъ жилище матери находилось въ одномъ изъ самыхъ отдаленныхъ переулковъ Петербурга; тамъ уже не было замѣтно того оживленія, какъ въ центрѣ города; прохожіе встрѣчались чрезвычайно рѣдко, а проѣзжіе еще того менѣе, фонари стояли далеко одинъ отъ другого, дома смотрѣли на свѣтъ Божій какъ-то непривѣтливо, словомъ, легко было догадаться, что тутъ селятся люди, на долю которыхъ выпалъ тяжелый жребій вѣчной борьбы съ нуждою.

Стеша торопливо шагала впередъ; несмотря на свой ветхій костюмъ, едва прикрывавшій тщедушное тѣльце, она нисколько не замѣчала холода и все думала объ одномъ, какъ бы скорѣе добраться до дому и сообщить матери и брату о неожиданной радости. Но вотъ, наконецъ цѣль путешествія достигнута; едва переводя духъ отъ слишкомъ скорой ходьбы и утомленія, Стеша остановилась около воротъ невысокаго двухэтажнаго дома, и отворила калитку. Калитка жалобно заскрипѣла на своихъ ржавыхъ петляхъ; дворовая собака Розка съ громкимъ лаемъ выскочила-было изъ будки, но узнавъ дѣвочку принялась ласкаться и подпрыгивать. Стеша погладила ее и пошла далѣе во внутрь двора, гдѣ виднѣлась низкая, покривившаяся и какъ бы вросшая совершенно въ землю дверь; клочки ободранной рогожи, прибитые къ ней вѣроятно для того, чтобы защищать отъ холода и вьюги, покрылись инеемъ, ломаная желѣзная ручка тоже; дѣвочкѣ стоило большого труда отворить ее.

3

— Мама, милая, дорогая,— вскричала она, весело вбѣжавъ въ низкую, сырую комнату, которая въ сущности скорѣе походила на собачью конуру, чѣмъ на человѣческое жилище,— посмотри сколько я принесла денегъ!

— По откуда ты взяла ихъ, Стеша?— отозвался слабый, болѣзненный голосъ молодой женщины, лежавшей на простой деревянной кровати и прикрытой различными лохмотьями, замѣнявшими одѣяло.— Неужели выручила за бонбоньерки?

— Нѣтъ; денегъ, вырученныхъ за бонбоньерки, тутъ не будетъ и половины.

— Тогда откуда же остальныя?

Стеша подробно разсказала свою встрѣчу съ г-жею Алымовой и ея дочерью. Больная слушала разсказъ съ большимъ вниманіемъ, и затѣмъ набожно перекрестилась.

— Гдѣ же Николка?— спросила дѣвочка, замѣтивъ отсутствіе брата.

— Отправился продавать нѣсколько деревянныхъ куколъ, которыя намастерилъ за ночь, и вѣроятно скоро воротится, потому что ушелъ уже довольно давно; да вотъ, кажется, онъ, какъ разъ и легокъ на поминѣ,— добавила бѣдная женщина, заслышавъ въ сѣняхъ какой-то шорохъ.

— Да, да, это дѣйствительно долженъ быть онъ,— замѣтила Стеша, бросившись на-встрѣчу брату. Ты?— спросила она черезъ дверь.

— Я, отпирай скорѣе, прозябъ такъ, какъ еще никогда не приходилось въ жизни,— отвѣтилъ снаружи дѣтскій голосокъ, и вслѣдъ затѣмъ на порогѣ показался очень бѣдно одѣтый мальчикъ, личико котораго чрезвычайно походило на личико Стеши.

— Какъ твои дѣла?— спросила послѣдняя.

— Плохо; ничего почти не продалъ, все назадъ принесъ.

— Неужели?

— Да.

— Какъ это обидно!

— Ужасно.

— Спать сегодня, значитъ, придется ложиться безъ ужина, а я, какъ на зло, сильно проголодался...

— Ну ужъ этого не придется. Ужинать будемъ, и даже лучше, чѣмъ когда бы то ни было.

— Мальчикъ горько улыбнулся.

— Не вѣришь?— спросила его Стеша.

Хотѣлъ бы, Стеша, вѣрить, да не вѣрится,— отвѣчалъ онъ съ глубокимъ вздохомъ.

— Я тебѣ серьезно говорю, что мы будемъ ужинать, и ужинать на славу.

— Но почему же, на какія деньги?

4

– Сейчасъ все увидишь и узнаешь; вѣрь только въ то, что мы разбогатѣли!

– Гдѣ тамъ разбогатѣть! Съ чего разбогатѣть! Ужъ не отъ продажи ли твоихъ бумажныхъ коробочекъ?

Стеша вмѣсто отвѣта высыпала на столъ деньги, которыя лежали у нея въ карманѣ. Мальчикъ сдѣлалъ удивленное лицо, и какъ бы не вѣря собственнымъ глазамъ, сталъ ощупывать каждую монету по очереди, а Стеша тѣмъ временемъ принялась съ новымъ оживленіемъ разсказывать всѣ мельчайшія подробности встрѣчи съ маленькой барышней. На дворѣ, между тѣмъ, совершенно стемнѣло. Николка снова напомнилъ объ ужинѣ и, взявъ со стола нѣсколько мѣдныхъ монетъ, живо сбѣгалъ въ мелочную лавочку за свѣчкой, такъ какъ просидѣвъ прошлую ночь за работой, почти до разсвѣта, сжегъ ту, которая была дома, окончательно; потомъ купилъ охапку дровъ, протопилъ чугунку. Стеша поставила чайникъ, принесла булокъ, молока и сахару.

– У насъ сегодня настоящій балъ,– сказала она, усаживаясь къ столу:– все было бы отлично, только вотъ ты, мама, поправляйся скорѣе.

– Поправлюсь, поправлюсь,– отвѣчала больная, стараясь придать своему голосу какъ можно болѣе силы.

– Да ты давно все говоришь: поправлюсь, поправлюсь, а между тѣмъ по прежнему лежишь блѣдная, худая, почти ничего не кушаешь и не пьешь кромѣ лѣкарства, которое уже надо глотать волей-неволей; дай налью чайку, выпей!

– Нѣтъ, Стеша, не хочется, спасибо, завтра лучше.

– Ну, вотъ, опять завтра!.

И дѣвочка бросилась къ кровати больной, охватила ручейками ея исхудалый станъ и покрывала поцѣлуями лицо, шею, руки. На глазахъ больной навернулись слезы: "Не жилица я на бѣломъ свѣтѣ,– казалось говорили эти глаза,– скоро покину васъ, милыя дѣтки, и вы останетесь круглыми сиротами".

– Иди, иди, напейся тепленькаго чаю,– сказала она ласково гладя дочь по головѣ,– а то смотри, совсѣмъ замерзла вѣдь, руки точно льдинки.

Стеша сѣла рядомъ съ братомъ къ простому бѣлому деревянному столу. Заваренный въ глиняномъ горшкѣ чай и получерствый ситный-хлѣбъ изъ мелочной лавочки казался имъ обоимъ чрезвычайно вкуснымъ; они кушали съ большимъ аппетитомъ. Стеша принималась въ десятый разъ разсказывать свои похожденія; Николка слушалъ ее со вниманіемъ и изрѣдка перебивалъ рѣчь, чтобы сдѣлать какой-нибудь вопросъ, на который она отвѣчала очень охотно. Разговоръ затянулся довольно долго; больная задремала; дѣти, замѣтивъ это, бесѣдовали шопотомъ.

— Какъ ты думаешь, Стеша, скоро мама поправится?— спросилъ мальчикъ, тревожно взглянувъ на сестру.

— Не знаю, право, меня саму здоровье ее очень безпокоитъ.

— Надо было бы пригласить хорошаго доктора; можетъ быть тотъ, къ которому она ходила въ больницу, худо лѣчитъ, потому что пользы никакой не видно.

— Но вѣдь хорошій докторъ, потребуетъ дорогой платы.

— Что же, у насъ теперь есть деньги.

— Ахъ, Стеша, развѣ ихъ хватитъ?

— Конечно хватитъ,— съ гордостью отвѣчала Стеша, и снова вынувъ изъ кармана кошелекъ, осторожно высыпала всю казну передъ братомъ.

— Давай пересчитывать.

— Давай.

Денегъ оказалось всего два рубля тридцать копѣекъ.

— Ну, что же, по твоему этого мало?— спросила она.

— Конечно мало; ни одинъ порядочный докторъ не поѣдетъ на домъ къ больному меньше чѣмъ за два рубля.

— Отлично; у насъ еще остается тридцать копѣекъ.

— А сколько стоило лѣкарство послѣдній разъ, не помнишь?

— Не помню.

— Вотъ то-то и есть; я же помню очень хорошо, что мы заплатили въ аптеку пятьдесятъ-шесть копѣекъ.

— Нѣтъ, нѣтъ, не можетъ быть, ты ошибаешься,— гораздо меньше.

— Не ошибаюсь, Стеша, у меня память превосходная.

— Ошибаешься, ошибаешься,— настаивала дѣвочка.

— Зачѣмъ намъ спорить; взглянемъ на рецептъ, тамъ цѣна навѣрное проставлена.

И не дожидаясь возраженій, Никодка спрыгнулъ съ мѣста, побѣжалъ къ окну, снялъ небольшую скляночку съ какой-то блѣдно-розовой жидкостью, поднесъ ближе къ свѣту, и многозначительно ударивъ пальчикомъ по цифрѣ 56, взглянулъ на сестру.

Стеша печально склонила головку.

— Что же намъ дѣлать, что предпринять?— сказала она почти съ отчаяніемъ по прошествіи нѣсколькихъ минутъ.

— Ума не приложу!

— Хотя бы эти противныя куклы какъ-нибудь продать.

— Да, но если никто не покупаетъ!

— Знаешь, Коля, дай ты мнѣ ихъ завтра, можетъ быть, я буду счастливѣе.

— Возьми попробуй, только едва ли удастся.

– А можетъ быть; вотъ вѣдь сегодня продала всѣ коробочки разомъ, теперь же время подходитъ къ Рождеству, спросъ на игрушки большой; и право я не понимаю, почему онѣ никому не нравятся!– добавила Стеша, и вынувъ изъ бумаги нѣсколько простыхъ неуклюжихъ куколъ, начала ихъ разглядывать.

Куклы эти Николка мастерилъ самъ перочиннымъ ножикомъ изъ разныхъ кусочковъ дерева, а Стеша шила на нихъ платья, довольствуясь тѣми тряпочками, которыя ей давали сосѣдки. Слѣдовательно, легко можно было вообразить каковы онѣ были на самомъ дѣлѣ, и не трудно догадаться почему желающихъ пріобрѣсти подобную покупку не находилось.

– Если удастся распродать,– сказалъ мальчикъ,– то я постараюсь надѣлать еще, а до тѣхъ поръ надо приняться за коробочки, тамъ у меня довольно осталось картону и разноцвѣтной бумаги.

– Да, конечно, не будемъ терять понапрасну времени; я тоже хочу помогать тебѣ.

Дѣти принялись за работу: въ комнатѣ царствовала полнѣйшая тишина, изрѣдка нарушаемая или протяжнымъ стономъ больной матери, или глухимъ едва доносившимся гуломъ проѣзжавшаго вдали экипажа. Пусто, холодно и неуютно было въ этомъ мрачномъ сыромъ подвалѣ; покрытыя плесенью стѣны слабо освѣщались одною свѣчкой, воздухъ былъ спертый, удушливый; единственное окно, выходившее на грязный дворъ, оказалось не только замерзшимъ сверху до низу, но еще почти на половину разбитымъ; на мѣсто стеколъ въ немъ красовались какіе-то ободранные листы желѣза, которые при малѣйшемъ порывѣ вѣтра дребезжали съ такою силою, что невольно наводили страхъ на обоихъ малютокъ; но увлеченные начатымъ дѣломъ, они повидимому все еще не хотѣли идти спать и рѣшили, по примѣру прошлой ночи, заниматься работою до тѣхъ поръ, пока свѣча не догоритъ окончательно.

Въ квартирѣ Алымовыхъ, между тѣмъ, убранной съ большимъ вкусомъ и роскошью, шли дѣятельныя приготовленія къ предстоящей ёлкѣ. Катя любила сама украшать ее и увѣшивать различными лакомствами. Но подарки обыкновенно получала сюрпризомъ. На этотъ же разъ ей такъ сильно хотѣлось имѣть ту большую куклу, которую видѣла въ окнѣ магазина, что она упросила маму не покупать больше никакихъ подарковъ, а разрѣшить завтра утромъ, по возвращеніи изъ гимназіи, отправиться за нею лично.

– Одно боюсь, чтобы ее кто не купилъ до завтра!– въ сотый разъ повторяла Катя, прыгая около ёлки.

– Не купятъ – успокоивала няня,– а если купятъ, тогда найдемъ другую.

7

– Нѣтъ, няня, пожалуйста не говори такъ. Я хочу имѣть именно эту куклу... другой мнѣ никакой не надобно.

– Ну и получишь ее навѣрное, коли такъ хочется.

– Скорѣе бы только дождаться завтрашняго дня! Научи какъ это сдѣлать?

– Не знаю, моя голубка.

– А вотъ что, лягу я сегодня раньше спать.

– Пожалуй, ложись, только зачѣмъ это?

– Ахъ, какая ты, няня, недогадливая! Затѣмъ, чтобы скорѣе наступило утро.

Няня молча улыбнулась. Катя посмотрѣла искоса и не могла надивиться тому хладнокровію, съ которымъ старушка относилась къ ея горячему желанію скорѣе пріобрѣсти красавицу Дору; ей казалось, что большаго, высшаго счастія не можетъ быть на землѣ; она цѣлый вечеръ толковала о куклѣ, и занимаясь убранствомъ ёлки, почти совсѣмъ не думала о томъ, что дѣлаетъ: навѣшивала по десятку апельсиновъ и яблокъ на одно и то же мѣсто, оставляя рядомъ нѣсколько суковъ пустыми.

– Такъ не годится, выйдетъ некрасиво,– замѣтила няня. Дѣвочка конфузилась, снова снимала фрукты, распредѣляла ихъ какъ слѣдуетъ, но затѣмъ, забывшись, опять становилась разсѣянною. Наконецъ, вошедшій въ комнату лакей позвалъ ее въ столовую чай кушать.

– Мамочка, ты ее забыла обѣщанія?– сказала она, подойдя къ матери.

– Какого, другъ мой?

– Завтра вмѣстѣ со мною прямо изъ гимназіи пройти за куклой.

– Нѣтъ, нѣтъ, успокойся, не забыла.

– А тебѣ ее очень хочется?– вмѣшался въ разговоръ папа.

– Очень; и если бы ты только могъ видѣть, что это за прелесть, то не удивился бы.

– Но, Катюша, кукла стоитъ пятнадцать рублей; если мама купитъ ее, то о другихъ подаркахъ нечего и думать.

– Я знаю.

– И согласна съ этимъ условіемъ?

– Совершенно; мнѣ ничего больше не надо, кромѣ куклы; я буду любить ее послѣ мамы и тебя больше всего на свѣтѣ, стану сама шить бѣлье и платья, устрою постель,:– и Катя, подъ вліяніемъ радостной мысли о предстоящемъ блаженствѣ, намѣревалась вступить съ папой въ безконечную бесѣду, но стѣнные часы ударили десять,– надо было отправляться на покой.

Цѣлую ночь снилась Катѣ большая кукла: то представлялась она ей въ видѣ какой-то волшебницы, то маленькаго ребенка, то нарядной барыни.

Проснувшись поутру, дѣвочка первымъ дѣломъ сообщила обо всемъ нянѣ, но няня отнеслась къ ея разсказу точно также безучастно, какъ вчера, и все торопила пить чай и повторять уроки, чтобы не опоздать въ гимназію.

"Удивительная женщина,— мысленно проговорила Катя,— неужели я тоже сдѣлаюсь такою, когда состарѣюсь? Кажется, интереснѣе большой куклы съ курчавымъ парикомъ ничего не можетъ быть въ мірѣ, а она даже не слушаетъ, когда ей говоришь объ этомъ".

— Катя, Катя,— повторяла няня,— о чемъ ты думаешь? Смотри, чуть не убѣжала въ холодныхъ сапожкахъ; вѣдь на дворѣ морозъ! Этакая, право, вѣтренница!

— Ну, не ворчи, няня -забыла; сейчасъ надѣну.

— Чего не ворчи, нельзя быть такой разсѣянной,— оправдывалась старушка, подавая теплую обувь.

Катя поспѣшно надѣла сапоги и вышла на улицу. Утро стояло свѣжее, морозное, снѣгъ такъ хорошо хрустѣлъ подъ ногами, покрытые инеемъ деревья блестѣли на солнышкѣ и казались усыпанными цѣлыми тысячами разноцвѣтныхъ звѣздочекъ.

Катя чувствовала себя чрезвычайно легко и весело; дорога въ гимназію не казалась такою скучною какъ обыкновенно, швейцаръ Василій, отворившій дверь, тоже выглядывалъ сегодня какъ-то особенно; да и подруги всѣ стали милѣе, даже вѣчно серьезная, вѣчно надутая физіономія классной дамы теперь точно улыбалась.

— Алымова, ты чуть-чуть не опоздала!— послышался изъ сосѣдней комнаты дѣтскій голосокъ одной изъ пріятельницъ.

— Чуть-чуть не считается,— весело отвѣчала Катя и, дружески расцѣловавшись съ дѣвочкой, побѣжала въ классную, гдѣ остальныя воспитанницы уже становились на молитву.

Утреннія занятія начались обычнымъ порядкомъ, затѣмъ позвали къ завтраку, послѣ завтрака всѣ опять пошли въ классы. Катя съ радостнымъ замираніемъ сердца посматривала на часы; она знала, что скоро наступитъ блаженная, давно ожидаемая минута — мама, придетъ за нею сама, чтобы вмѣстѣ отправиться въ магазинъ .. Вотъ и послѣдній звонокъ раздался, дѣвочки быстро повскакали со скамеекъ и съ шумомъ бросились въ переднюю; сначала онѣ шли попарно, но затѣмъ, смѣшались въ общую массу, поднялась страшная суматоха: всѣ въ голосъ говорили, кричали, смѣялись — все это смѣшивалось въ одинъ общій непонятный гулъ, который отъ времени до времени сливался съ громкими звуками безконечныхъ поцѣлуевъ.

— Тише, тише!— раздавался голосъ классной дамы или учительницы.—

9

Нельзя такъ кричать и болтать, вы съ ногъ собьете другъ друга, осторожнѣе.

Но дѣти, мало обращая вниманія, бѣгали и кричали по прежнему до тѣхъ поръ, пока наконецъ стеклянная дверь растворилась, и онѣ цѣлою гурьбою хлынули на улицу. Катя, конечно, была въ числѣ первыхъ.

– Ну, мамочка,– обратилась она къ матери, которая давно ожидала ее у подъѣзда,– теперь мы съ тобою отправляемся за куклою, неправда ли?

– Да, только раньше занесемъ домой книги – намъ, все равно, надо идти мимо; затѣмъ я пойду по дѣламъ, а ты уже одна отправишься въ магазинъ.

Катя охотно согласилась; менѣе чѣмъ черезъ полчаса книги были доставлены на квартиру, и наша маленькая знакомая, поцѣловавшись съ матерью, направилась къ игрушечному магазину. "Тутъ ли красавица Дора, не купили ли ее?", опять мысленно проговорила она, взглянувъ на зеркальное стекло окна, и вдругъ – о ужасъ!– куклы не оказалось на прежнемъ мѣстѣ.

Съ сильно бьющимся сердцемъ поднялась дѣвочка на лѣстницу.

– Я сегодня пришла къ вамъ, чтобы купить ту самую куклу, которую вы вчера показывали,– обратилась она къ одному изъ приказчиковъ.

– Большую въ парикѣ, за пятнадцать рублей?

– Да; она стояла на окошкѣ.

– Ее только что купили.

– Купили!– повторила Катя, и въ голосѣ ея слышалось почти отчаяніе.

– Сейчасъ, передъ вами; но не извольте огорчаться: завтра мы получимъ цѣлую дюжину точно такихъ же.

Взволнованное личико Кати прояснилось.

– Навѣрное?– спросила она улыбнувшись.

– Навѣрное.

– Пожалуйста, припасите одну для меня, никому не продавайте, я приду за ней непремѣнно.

– Очень хорошо, будьте покойны.

И приказчикъ съ вѣжливымъ поклономъ отворилъ дверь своей посѣтительницѣ, которая, желая сократить путь, пошла ближнею дорогой. Завернувъ въ одинъ изъ переулковъ, она нечаянно наткнулась на устроенный, по случаю предстоящаго праздника, игрушечный баракъ, гдѣ, прислонившись около низенькаго деревяннаго столика, сидѣла Стеша со своими куклами.

– Здравствуйте, барышня,– окликнула она Катю.

– Здравствуй, милая, что ты тутъ дѣлаешь?

– Да вотъ опять вышла на промыселъ; продаю куклы, это работа моего брата, не хотите ли купить, дешево отдамъ, потому что нужны деньги; мама очень больна и не на что купить лѣкарства.

– А гдѣ живетъ твоя мама?

– Далеко отсюда: на Петербургской сторонѣ, въ концѣ Дворянской улицы, д. No 127.

– Что же, она лѣчится?

– Пока была въ силахъ, ходила въ больницу къ доктору два раза въ недѣлю, а теперь не можетъ.

Говоря это, Стеша съ трудомъ удерживала слезы.

– Но вы бы позвали доктора на-домъ.

– Нельзя.

– Почему?

– Потому что доктору надо заплатить, а у насъ нѣтъ денегъ.

И, не будучи далѣе въ силахъ владѣть собой, Стеша громко разрыдалась. Катя смотрѣла на неѣ съ состраданіемъ; она чувствовала, что ей самой слезы подступаютъ къ горлу.

– Куколъ твоихъ мнѣ не надо,– сказала тогда дѣвочка дрожащимъ голосомъ,– а вотъ возьми себѣ серебряный рубль, который папа подарилъ мнѣ въ день рожденія; въ настоящую минуту въ немъ заключается все мое богатство, больше я не могу ничего предложить.

– Ахъ, милая, дорогая барышня,– отвѣчала Стеша, схвативъ ея руку,– мнѣ право даже совѣстно второй разъ брать отъ васъ деньги даромъ; пожалуйста, пока выберите себѣ хотя одну изъ этихъ маленькихъ куколъ, а затѣмъ Николка сдѣлаетъ для васъ другую, большую и красивую... только бы съ мамой все было благополучно.

– А ей очень худо?

– Очень!– отвѣчала Стеша, разразившись громкими рыданіями.

– Такъ ты бы пошла домой скорѣе.

– Развѣ можно идти домой безъ копѣйки; вѣдь я сижу здѣсь для того, чтобъ получить хоть сколько-нибудь денегъ.

– Но теперь, когда у тебя есть рубль...

– О, теперь другое дѣло; конечно, я сію минуту побѣгу къ мамѣ; она, бѣдная, обрадуется и будетъ молить Бога, чтобы Онъ послалъ вамъ счастія и богатства.

Говоря это, Стеша начала поспѣшно складывать товаръ въ стоявшую тутъ же, около столика, плетеную корзинку. Катя помогала ей, какъ вдругъ позади послышались чьи-то торопливые шаги; обѣ дѣвочки обернулись.

– Коля,– испуганно вскричала маленькая торговка, увидавъ передъ собою брата:– зачѣмъ ты пришелъ? что случилось?

11

– Мамѣ очень худо...– сквозь слезы отвѣчалъ мальчикъ, она меня послала за тобою, сказавъ, чтобы ты бросила все и какъ можно скорѣе бѣжала домой.

– Бѣгу, бѣгу, но по дорогѣ надо непремѣнно поискать доктора.

– Хорошо, тѣмъ болѣе, что у насъ отъ вчерашнихъ денегъ еще осталось довольно, чтобы заплатить ему за визитъ, а на лѣкарства попросимъ у кого-нибудь изъ сосѣдей.

– Да и у сосѣдей просить не надо: вотъ эта добрая барышня дала мнѣ серебряный рубль,– отвѣчала Стеша, указывая глазами на Катю Алымову.

– Коля снялъ шапку, поклонился и хотѣлъ поцѣловать руку доброй барышнѣ, но она не дала, а дружески обняла мальчика.

– Не благодари, Коля, это такая бездѣлица, про которую говорить не стоитъ; мнѣ очень хочется помочь вамъ чѣмъ-нибудь побольше, и я увѣрена, что мои родители не откажутъ въ этомъ; если не сегодня, то завтра утромъ непремѣнно мы съ мамой придемъ къ вамъ.

Дѣти еще разъ поблагодарили Катю, и торопливыми шагами направились въ свое бѣдное жилище на Петербургскую сторону; дорога казалась имъ безконечно-длинною, они почти не говорили ни слова и только отъ времени до времени молча обтирали катившіяся по щекамъ слезы. Но вотъ, наконецъ, цѣль путешествія достигнута. Коля отворилъ низкую, косую дверь и первый вбѣжалъ въ сырую конуру, гдѣ на той же самой деревянной кровати, придвинутой къ нетопленной печкѣ, лежала мать ихъ съ полузакрытыми глазами; лицо ея было необыкновенно блѣдно, губы посинѣли и сложились въ какую-то страшную улыбку.

– Стеша пришла, мама,– проговорилъ мальчикъ, нагнувшись къ изголовью больной,– ты хотѣла сказать ей что-то.

Больная открыла глаза, знакомъ подозвала Стешу, велѣла встать рядомъ съ братомъ и слабымъ, едва слышнымъ голосомъ начала говорить о томъ, что она чувствуетъ и сознаетъ, что послѣднія минуты ея наступаютъ.

– Мама, милая, дорогая,– въ голосъ отвѣчали дѣти сквозь глухія рыданія,– не говори такихъ ужасныхъ вещей, ты поправишься, будешь жива, здорова... сію минуту придетъ докторъ... онъ поможетъ тебѣ.

– Докторъ?– переспросила больная,– зачѣмъ докторъ?.. не надо... не поможетъ онъ... поздно... къ чему напрасно тратить деньги, которыхъ у васъ и безъ того мало.

– Нѣтъ, мамочка, напротивъ въ деньгахъ недостатку нѣтъ; вчера вечеромъ мы насчитали цѣлыхъ два рубля тридцать копѣекъ, а сегодня та же самая барышня дала еще рубль.

И какъ бы въ доказательство истины своихъ словъ, Стеша вынула изъ кармана серебряную монету.

12

– Я позвала тебя, Стеша, затѣмъ,– продолжала больная,– чтобы, какъ старшей, поручить Нолю, когда меня не станетъ; ты должна будешь заботиться о немъ; свѣтъ вѣдь, говорятъ, не безъ добрыхъ людей,– можетъ, кто изъ сосѣдей приметъ въ васъ участіе. Старайся прежде всего сама быть честною, хорошею дѣвочкою, и ему внушай то же самое... любите, почитайте Бога... Онъ не оставитъ васъ!– Больная замолчала, чтобы перевести духъ, дѣти покрывали ея лицо и руки горячими поцѣлуями; такъ прошло нѣсколько минутъ, затѣмъ начала она снова что-то говорить, какъ вдругъ дверь скрипнула и на порогѣ показался докторъ.

– Докторъ, докторъ,– обратилась къ нему Стеша умоляющимъ голосомъ,– ради самого Бога, ради всего, что для васъ дорого, помогите нашей мамѣ, спасите ее!

Докторъ ласково потрепалъ дѣвочку по плечу, подошелъ къ постели больной и принялся осматривать ее съ большимъ вниманіемъ.

Катя Алымова между тѣмъ давно уже была дома; усѣвшись на мягкомъ бархатномъ диванѣ, въ будуарѣ матери, она ожидала появленія послѣдней съ большимъ нетерпѣніемъ; хорошенькое личико дѣвочки казалось чрезвычайно задумчивымъ; на немъ лежалъ отпечатокъ чего-то особеннаго, она безпрестанно вскакивала съ мѣста, торопливо ходила взадъ и впередъ по мягкому ковру, потомъ снова садилась: "Нѣтъ, я, кажется, не въ силахъ сдѣлать этого,– проговорила она сама себѣ,– да, а между тѣмъ поступить иначе трудно.

И она опять заметалась по комнатѣ; но вотъ, наконецъ, въ прихожей раздался звонокъ.

"Вѣрно мама", подумала Катя и опрометью бросилась на-встрѣчу; это оказался посыльный съ письмомъ, въ которомъ мама сообщала, что по непредвидѣнному обстоятельству не только она, но и папа не вернется раньше вечера, вслѣдствіе чего приказывала Катѣ во-время обѣдать, пить вечерній чай и ложиться.

– Хорошо,– отвѣчала дѣвочка посыльному и, грустно склонивъ головку, пошла въ свою комнату: день тянулся чрезвычайно долго. Катѣ пришлось почти все время быть одной, такъ какъ единственный находившійся дома сотоварищъ ея, старушка няня, чувствовала себя нездоровою и лежала въ кровати; отъ нечего дѣлать Катя снова принялась украшать ёлку, но и это, вмѣсто того, чтобы развлечь, навело еще болѣе тоски; она была душевно рада, когда висѣвшіе въ столовой часы ударили десять: "по крайней мѣрѣ скорѣе наступитъ завтрашнее утро", сказала она сама себѣ, пошла въ свою комнату, живо раздѣлась, акуратно сложила на стулъ платье, помолилась Богу, легла въ постель, и, вытянувъ маленькія ножки, крѣпко заснула.

Съ наступленіемъ слѣдующаго дня дѣвочка поднялась очень рано и, выйдя въ столовую первая, тревожно ожидала появленія матери.

— Наконецъ-то, милая мамочка,— сказала она, увидавъ вошедшую туда же г-жу Алымову,— я ждала тебя съ большимъ, большимъ нетерпѣніемъ.

— Знаю, дружокъ; ты ждала меня съ большимъ нетерпѣніемъ, чтобы идти скорѣй въ магазинъ за куклою, не правда ли?

— Да, т.-е. нѣтъ...— отвѣчала нерѣшительно Катя и опустила глаза,

— Какъ нѣтъ, неужели ты больше не хочешь имѣть ту куклу, которая вчера тебѣ такъ нравилась?

— Развѣ возможно не хотѣть такую прелесть?

— Но въ чемъ же тогда дѣло, дитя мое?

— Въ томъ, мамочка, что у меня будетъ къ тебѣ огромная просьба, вѣдь ты не откажешь? Да, да, не откажешь?— допытывалась дѣвочка, покрывая лицо и руки матери безчисленными поцѣлуями.

— Прежде ты должна сказать, въ чемъ именно заключается эта просьба?

— Хорошо, только слушай внимательно.

Мама улыбнулась; Катя подвинула свой стулъ совсѣмъ близко къ стулу матери и начала подробно разсказывать о своей встрѣчѣ съ маленькой торговкой.

— Ну, и что же?— спросила госпожа Алымова, когда длинное повѣствованіе было окончено: — я все-таки не могу понять въ чемъ состоитъ твоя просьба?

— Въ томъ, чтобы сейчасъ же послѣ чая ты поѣхала со мною на Петербургскую сторону и согласилась тѣ пятнадцать рублей, которые были предназначены для покупки куклы, отдать несчастной женщинѣ на лѣкарства.

Мама молча взглянула въ глаза Кати: они были полны слезъ и въ то же время блестѣли какъ-то радостно.

— Поцѣлуй меня, Катюша,— сказала г. Алымова, крѣпко прижавъ къ груди Катю,— ты хорошая, добрая дѣвочка, я считаю это для себя большимъ счастьемъ!

Катя прильнула головкою къ лицу матери, крупныя слезы струились по ея розовенькому личику, но это не были тѣ тяжелыя, горькія слезы, которыя вызываются нравственнымъ страданіемъ; она чувствовала, что дѣтское сердечко ея наполнено свѣтлымъ, хорошимъ, новымъ, еще неизвѣданнымъ ощущеніемъ, и хотя не легко было примириться съ мыслью о томъ, что превосходная кукла въ бѣлокуромъ парикѣ никогда больше не можетъ принадлежать ей, но тѣмъ не менѣе Катя охотно отказывалась отъ возможности обладать подобнымъ сокровищемъ и съ непритворнымъ удовольствіемъ отдавала деньги на доброе дѣло.

14

– Сейчасъ я прикажу заложить сани,– сказала г. Алымова и вышла изъ комнаты.

Менѣе чѣмъ черезъ четверть часа сани были поданы къ подъѣзду; Катя одѣла теплые сапожки, шляпку, шубку и въ сопровожденіи матери отправилась на Петербургскую сторону по данному Стешею адресу. Собственная лошадь Алымовыхъ бѣжала скоро, сильно отбивая копытами рыхлый только-что выпавшій за ночь снѣгъ; она совершенно незамѣтно для себя везла щегольскія санки, и быстро заворачивая изъ улицы въ улицу, по прошествіи весьма короткаго срока остановилась около того дома, гдѣ жила Стеша.

– Какъ же мы найдемъ ея квартиру?– спросила Катя:– вѣдь она номера не сказала.

– Ничего, барышня,– вмѣшался кучеръ,– домъ не великъ, тутъ, я думаю и жильцы всѣ на перечетъ. Эй, дворникъ!– крикнулъ онъ, соскочивъ съ козелъ и ударивъ кнутовищемъ въ одно изъ замерзшихъ оконъ нижняго этажа. На дворѣ раздался пронзительный лай Розки, которая, услыхавъ чужого, путаясь въ снѣжныхъ сугробахъ по самую шею, старалась какъ-нибудь пролѣзть въ подворотню.

– Кто тамъ?– отозвался изъ-за обледенѣвшаго окна грубый мужской голосъ.

– Надо видѣть дворника.

– Сейчасъ придетъ, подождите.

Прошло однако добрыхъ полчаса, пока наконецъ калитка скрипнула и заспанная неуклюжая фигура дворника, закутанная въ овчиный тулупъ, вышла на улицу.

– Кого надобно?– спросилъ онъ рѣзко, но потомъ, почти сейчасъ же, увидавъ, что имѣетъ дѣло съ очень нарядными господами, пріѣхавшими на собственной лошади, почтительно снялъ шапку и проговорилъ совершенно другимъ голосомъ: – что прикажете?

– Въ вашемъ домѣ живетъ одна бѣдная больная женщина съ двумя маленькими дѣтьми; мы бы желали пройти къ ней.

– Какъ ея фамилія, сударыня?

– Въ томъ-то и бѣда, голубчикъ, что мы не знаемъ.

– Позвольте, такъ это ужъ не прачка ли Игнатьевна? У нея сынишка мастеритъ изъ дерева куклы и клеитъ коробки, а дѣвочка ходитъ продавать.

– Вотъ, вотъ, именно ихъ намъ и надобно.

– Они живутъ тутъ во дворѣ; только саму Игнатьевну вчера отвезли въ больницу, и кажись, она, сердечная, ночью умерла.

– Умерла!– повторила Катя:– неужели, а гдѣ же дѣти?

– Должно быть дома, я сейчасъ сбѣгаю узнать, и коли угодно, приведу сюда.

– Не надо; мы лучше сами пойдемъ къ нимъ, ежели ты укажешь дорогу.

– Пожалуйте,– кушъ ты!– погрозилъ онъ Розкѣ, все время вертѣвшейся около, и широко распахнулъ калитку.

Госпожа Алымова и Катя вошли на узкій и грязный дворъ: – сюда, сюда,– повторялъ дворникъ,– только, сударыня, смотрите осторожнѣе, не упадите; пожалуйте, барышня, ручку, здѣсь очень скользко.

Катя молча подала руку; дворникъ шелъ медленно, шагъ за шагомъ.

– Вотъ квартира,– сказалъ онъ, вводя Алымовыхъ въ знакомую намъ конуру, гдѣ, по примѣру вчерашняго дня, сильно пахло сыростью и было необыкновенно мрачно. Катя, никогда не только не видавшая ничего подобнаго, но даже не имѣвшая понятія, что люди могутъ жить въ такомъ ужасномъ помѣщеніи, остановилась около порога и не рѣшалась идти далѣе до тѣхъ поръ, пока мать не взяла ее за руку.

– Стеша!– вскричала она въ ужасѣ:– неужели вы тутъ живете?

– Ахъ, это вы!– отозвалась дѣвочка, спрыгнувъ съ кровати;– здравствуйте, милая, добрая барышня.

– А вѣдь у насъ-то какое горе! Мама у... у...мерла! проговорила она сквозь горькія рыданія.

– Да, сегодня ночью въ больницѣ,– подтвердилъ Николка, тоже заливаясь горючими слезами.

– Съ кѣмъ же вы теперь останетесь, вѣдь у васъ и отца нѣтъ?

– Отецъ давно умеръ.

– Такъ какъ же, Стеша, неужели возможно двумъ маленькимъ дѣтямъ жить совершенно однимъ на квартирѣ.

– Право, не знаю, мы совсѣмъ потеряли головы; идти намъ некуда и здѣсь оставаться тоже нельзя, потому что хозяйка требуетъ деньги; мы вѣдь задолжали ей за два мѣсяца.

– Сколько?– спросила Катя.

– Ахъ, барышня, много, очень много; такъ много, что и сказать страшно.

– А именно?

– Квартира ходитъ по семи съ полтиной въ мѣсяцъ, слѣдовательно придется отдать пятнадцать рублей.

Въ голосѣ Стеши слышалось что-то похожее на отчаяніе.

– Мамочка, можно?– шепнула Катя матери.

Госпожа Алымова молча кивнула головой.

– Стеша, вотъ возьми; у меня какъ разъ было для тебя приготовлено пятнадцать рублей,– сказала Катя и всунула деньги въ руки маленькой сиротки. Стеша не вѣрила собственнымъ глазамъ: пятнадцать рублей казались ей такою большою суммою, что она считала невозможнымъ принять ее, какъ говорится, даромъ и отказывалась до тѣхъ поръ, пока наконецъ госпожа Алымова настоятельно потребовала.

– Необходимо сію же минуту разчитаться съ хозяйкой,– сказала она,– я ни за что ни тебя, ни Колю здѣсь не оставлю; вы поѣдете вмѣстѣ съ нами, я дамъ на похороны матери, а мой мужъ устроитъ васъ обоихъ въ пріютъ.

Дѣти съ благодарностью смотрѣли на добрую женщину; Стеша первая бросилась цѣловать ей руки, потомъ примѣру ее послѣдовалъ Коля.

– Не надо, не надо, не благодарите,– остановила она:– лучше давайте дѣлать дѣло; сходи, дружокъ, позови сюда квартирную хозяйку, я сама переговорю съ нею,– обратилась она къ мальчику.

– Сейчасъ,– отвѣчалъ Коля и поспѣшно вышелъ изъ комнаты.

Катя между тѣмъ дружески разговаривала со Стешей; Коля не замедлилъ явиться снова въ сопровожденіи довольно пожилой и неряшливой женщины – это была квартирная хозяйка. Госпожа Алымова сама переговорила съ нею обо всемъ, вручила деньги, переписала всѣ вещи, бѣлье, платье, которое находилось въ комнатѣ, и просила взять все это на свою отвѣтственность до тѣхъ поръ, пока послѣдуетъ дальнѣйшее распоряженіе.– Дѣтей я увожу съ собою,– сказала она въ заключеніе:– они современемъ будутъ устроены въ пріютъ, и какъ я, такъ и мужъ мой постараемся сдѣлать изъ нихъ честныхъ людей, и употребимъ всѣ средства, чтобы вывести на дорогу.

Хозяйка, совершенно довольная, что получила деньги, которыя почти считала для себя потерянными, была, какъ говорится, на верху блаженства; она, еще такъ недавно угрожавшая маленькимъ сироткамъ выкинуть ихъ на улицу и забрать всѣ вещи – теперь принялась заботливо окутывать ихъ, цѣловала то того, то другого, плакала, разсыпалась въ похвалахъ госпожѣ Алымовой и Катѣ; любезно проводила до саней и, стоя у воротъ, долго провожала глазами и напутствовала молитвами.

А маленькія сиротки мчались между тѣмъ на сѣромъ рысакѣ Алымовыхъ; кучеръ взялъ другую дорогу и какъ разъ поѣхалъ мимо того игрушечнаго магазина, въ зеркальномъ окнѣ котораго красовалась обѣщанная приказчикомъ красавица Дора въ бѣлокуромъ парикѣ; кукла была одѣта въ розовое атласное платье, отдѣланное кружевами, на головѣ у нея красовалась такого же цвѣта круглая шляпа, убранная бѣлыми перьями; въ одной рукѣ она держала вѣеръ, въ другой – изящный блѣдно-розовый зонтикъ, и такъ привѣтливо, такъ ласково улыбалась, что что-то похожее на сожалѣніе о невозможности когда-нибудь обладать сокровищемъ закопошилось въ сердечкѣ Кати; желая скрыть набѣжавшую

17

скуку, она уткнула свое зарумянившееся отъ мороза личико въ муфту и отвернулась; но затѣмъ, когда сани въѣхали въ слѣдующую улицу направо и магазинъ остался далеко, почти сейчасъ же постаралась сдѣлать надъ собой усиліе, чтобы позабыть о куклѣ, взглянула на сидѣвшихъ напротивъ сиротокъ, потомъ на маму и улыбнулась.

— Сказки откровенно, Катюша,— спросила ее послѣдняя, очень трудно примириться съ мыслью, что красавица Дора будетъ принадлежать кому-нибудь другому.

— Первую минуту, мамочка, дѣйствительно мнѣ казалось это ужаснымъ, но теперь я право почти не жалѣю, потому что имѣть ее у себя, играть съ нею и думать, что въ это же самое время есть люди, которые нуждаются въ необходимомъ, должно быть тоже очень больно.

— Да, другъ мой, ты совершенно права, по моему высшее счастіе человѣка должно заключаться въ томъ, чтобы стараться сдѣлать другихъ счастливыми.

Стеша внимательно вслушивалась въ разговоръ госпожи Алымовой и ея дочери, но при всемъ желаніи, что нибудь понять изъ него, не могла достигнуть цѣли; разговоръ этотъ почему-то до крайности заинтересовалъ ее, заинтересовалъ настолько, что но прошествіи недѣли послѣ похоронъ матери, она однажды, усѣвшись вечеромъ въ комнатѣ Кати, принялась настоятельно допытывать. Катя долго не хотѣла говорить правду, но потомъ, въ концѣ-концовъ не выдержала характера и подробно разсказала все. Слушая разсказъ маленькой барышни, Стеша смотрѣла на нее съ благодарностью.

— Если бы я могла когда-нибудь быть вамъ полезною хотя въ половину настолько, какъ вы были для меня уже три раза,— сказала она и бросилась цѣловать ея руку.

— Не благодарите, Стеша, ради Бога,— остановила ее Катя: — иначе я право разлюблю васъ.

— Ахъ, нѣтъ, нѣтъ, дѣлайте со мною что хотите, но только никогда не заикайтесь о томъ, что не будете любить меня,— я этого боюсь больше всего на свѣтѣ.

— Тогда тѣмъ болѣе ты не должна никогда даже вспоминать о томъ, что почти силою вывѣдала отъ меня сегодня; слышишь, Стеша, я требую это.— И какъ бы въ доказательство того, что она на самомъ дѣлѣ считаетъ требованіе свое чрезвычайно важнымъ, Катя сдѣлала серьезную физіономію и преуморительно сдвинула бровки.

— Въ чѣмъ дѣло?— вмѣшался Коля, который, въ ожиданіи своего опредѣленія въ ремесленное училище, куда хлопоталъ устроить его отецъ Кати, тоже находился въ семьѣ Алымовыхъ.

18

– Ни въ чемъ; ты не долженъ никогда знать содержаніе нашего разговора, это секретъ.

Коля задумался, слово секретъ прозвучало для него непріятно, потому что, когда онъ жилъ съ матерью и сестрой, то они другъ отъ друга ничего не скрывали.

– Не огорчайся,– шепнула ему Стеша, улучивъ удобную минуту: – я скажу тебѣ въ чемъ заключается секретъ,– и въ короткихъ словахъ передала разсказъ о большой куклѣ.

– Ты не знаешь, въ какомъ именно магазинѣ эта кукла?– спросилъ онъ задумчиво.

– Нѣтъ, а что?

– Не тамъ ли, гдѣ служитъ приказчикомъ мой крестный отецъ?

– Можетъ быть; но что-жъ изъ этого?

– То, что я попробую попросить его подарить намъ куклу, которую мы преподнесемъ барышнѣ.

– Ахъ это было бы отлично; только едва ли крестный отецъ согласится: вѣдь кукла стоитъ очень дорого – пятнадцать рублей кажется.

– Да; – Коля печально склонилъ голову.– Но ты во всякомъ случаѣ постарайся узнать адресъ магазина.

– Хорошо.

Въ эту минуту Катя вбѣжала въ комнату, и разговоръ между братомъ и сестрой долженъ былъ кончиться. Стеша однако сдержала данное слово; не далѣе какъ на слѣдующій день она очень ловко вывѣдала отъ Кати все что надо было, и вечеромъ, столкнувшись съ Колей въ корридорѣ, сообщила ему адресъ.

– Я угадалъ; это какъ разъ тотъ же самый магазинъ,– скороговоркой отвѣтилъ мальчикъ и направился въ столовую, гдѣ госпожа Алымова приготовляла чай.

– Ну, Коля,– сказала она мальчику, подавая ему его порцію,– дѣла идутъ отлично, ты принятъ въ ремесленное училище, и послѣзавтра долженъ явиться по начальству.

– Слава Богу, я очень радъ; буду учиться какому нибудь мастерству, а когда выросту большой, стану работать для васъ.

– Спасибо, дружокъ, спасибо.

– Теперь же, сударыня, у меня къ вамъ большая просьба, не откажите, сдѣлайте милость!

– Говори, мой милый, что тебѣ надобно?

– Позвольте, завтра утромъ сбѣгать на часокъ повидаться съ крестнымъ отцомъ, который живетъ тутъ недалеко; я вернусь очень скоро.

– Хорошо, ступай; за-одно сообщи крестному, что ты принятъ въ училище,– можетъ быть онъ пожелаетъ навѣстить тебя.

– Да, безъ сомнѣнія; онъ очень любитъ насъ обоихъ.– Затѣмъ разговоръ перешелъ на другой предметъ; въ продолженіе остального дня и вечера Колѣ не удалось безъ свидѣтелей перекинуться словомъ съ сестрой, но она легко догадалась о цѣли его визита къ крестному отцу, и съ нетерпѣніемъ ожидала результата, который, къ крайнему удивленію, оказался весьма успѣшнымъ.

Крестный отецъ Коли дѣйствительно служилъ въ томъ самомъ магазинѣ, гдѣ Катя Алымова торговала куклу. Узнавъ отъ крестника о смерти его матери, о томъ, какъ много сдѣлали добра Алымовы для несчастныхъ сиротъ, и наконецъ о поступкѣ Кати относительно большой куклы, приказчикъ пожелалъ непремѣнно съ своей стороны оказать имъ какое нибудь вниманіе.– Знаешь что,– сказалъ онъ Колѣ:– не хочешь ли ты эту куклу подарить барышнѣ?

– Ахъ, я былъ бы совершенно счастливъ, и даже, чистосердечно сознаюсь, пришелъ сюда съ намѣреніемъ просить тебя объ этомъ; но вѣдь она кажется стоитъ очень дорого?

– Пятнадцать рублей.

– Вотъ то-то и есть.

– Пятнадцать рублей конечно сумма большая, но вѣдь, говоря правду, Алымовы сдѣлали для тебя и Стеши такъ много, какъ рѣдко кто согласится въ нынѣшнее время: имъ ты обязанъ помѣщеніемъ своимъ въ ремесленное училище, они вырвали васъ обоихъ изъ нищеты и грязи, они обѣщали устроить Стешу въ пріютъ,– подумай хорошенько, разсуди, неужели все это вмѣстѣ не стоитъ пятнадцати рублей!

– О, конечно! Мое искреннее желаніе давно было обрадовать маленькую барышню куклою, но я не смѣлъ думать, что ты согласишься, и никакъ не могъ собраться съ духомъ просить объ этомъ.

Крестный, слушая мальчика, успѣлъ уже снять превосходную куклу съ окна, уложилъ ее въ картонку и крѣпко стянувъ веревкою подалъ мальчику.

– Вотъ тебѣ двадцать копѣекъ на извозчика,– добавилъ онъ,– нести на плечахъ такую большую картонку трудно, неудобно, да и времени возьметъ много; господа пожалуй будутъ недовольны твоимъ продолжительнымъ отсутствіемъ, отправляйся съ Богомъ, въ будущее воскресенье я непремѣнно зайду тебя навѣстить въ училище.

Коля искренно отъ всего сердца поблагодарилъ крестнаго отца, сѣлъ на извозчика и, бережно поставивъ драгоцѣнную ношу на колѣни, пустился въ обратный путь. Пріѣхавъ на квартиру Алымовыхъ, онъ первымъ дѣломъ спряталъ картонку и затѣмъ съ сіяющей физіономіей вбѣжалъ въ столовую гдѣ вся семья сидѣла за завтракомъ. Стеша сейчасъ по лицу брата догадалась, что дѣло идетъ хорошо, но спросить ничего не смѣла до тѣхъ поръ, пока онъ самъ знакомъ попросилъ слѣдовать за нимъ.

– Ну, что?– сказала она тогда съ любопытствомъ.

– Кукла здѣсь.

– Неужели?

– Да.

– Та самая, которая стоитъ пятнадцать рублей?

– Та самая, Стеша, та самая,– торжественно отвѣчалъ мальчикъ и, приподнявъ байковое одѣяло своей кровати, показалъ рукою на спрятанную имъ подъ кровать картонку. Стеша радостно захлопала въ ладоши.

– Давай скорѣе снесемъ картонку въ столовую,– сказала она.

– Нѣтъ, мнѣ кажется будетъ гораздо лучше, ежели мы вынемъ куклу и посадимъ въ комнату барышни.

– Пожалуй, твоя правда, Николка, это будетъ интереснѣе; но такъ какъ для того, чтобы все устроить, времени потребуется порядочно, то ты только помоги мнѣ стащить картонку въ дѣтскую, а сама ступай въ столовую и постарайся занять Катю до тѣхъ поръ, пока я тоже не приду туда.

Съ этими словами дѣти привели задуманный планъ въ исполненіе. Стеша отправилась къ столовую, Коля устроилъ все какъ было предназначено, и по прошествіи нѣсколькихъ минутъ явившись туда-же, очень много разсказывалъ о своемъ визитѣ къ крестному отцу, причемъ конечно умолчалъ о главной цѣли посѣщенія. Стеша незамѣтнымъ образомъ прокралась въ дѣтскую, бережно поставила къ окну красавицу Дору, встряхнула ее розовое платье, подула на перышки, которыя украшали шляпку, поправила зонтикъ и, отступивъ нѣсколько шаговъ назадъ, долго любовалась.

– Красавица ты, Дора, настоящая красавица!– невольно проговорила дѣвочка и, подъ вліяніемъ сильнаго восторга, только что хотѣла броситься расцѣловать ее, какъ вдругъ въ корридорѣ послышались шаги.

"Не Катя ли?" подумала тогда Стеша, выбѣжавъ на-встрѣчу; но, по счастію, это оказалась горничная; боясь, тѣмъ не менѣе, дольше оставаться въ дѣтской, Стеша поспѣшно побѣжала въ столовую и, обратившись къ Катѣ, проговорила совершенно серьезно:

– Барышня, къ вамъ въ комнату пришла сейчасъ какая-то гостья.

– Гостья?– съ удивленіемъ переспросила Катя,– какая?

– Не знаю, только очень красивая собою и чрезвычайно нарядная.

– Не можетъ быть, Стеша, тебѣ показалось, это вѣрно горничная.

– Да, нѣтъ же, увѣряю васъ.

21

– Но, подумай сама, зачѣмъ гостья отправится ко мнѣ въ комнату, прежде чѣмъ пройти въ гостиную? Да, наконецъ, и звонка не было слышно.

– Не знаю,– вторично отвѣчала дѣвочка,– это ужъ ея дѣло.

– Мама,– обратилась тогда Катя къ госпожѣ Алымовой,– Стеша очень заинтересовала меня, но вмѣстѣ съ тѣмъ, говоря откровенно, я даже боюсь отправиться одна.

– Ты полагаешь, что это какая-нибудь сказочная волшебница вздумала посѣтить тебя?– шутя спросила мама и встала съ мѣста.

Дѣти втроемъ послѣдовали за нею.

– Кто тамъ?– окликнула Катя, подойдя къ двери. Отвѣта не было.

– Вотъ видишь ли,– обратилась она тогда къ Стешѣ,– навѣрное тебѣ показалось.

– Нѣтъ, нѣтъ, барышня, я видѣла своими глазами; я никогда не ошибаюсь, откройте дверь, войдите и увидите сами.

– Съ толку ты меня сбиваешь... и посмотрѣть хочется, и страшно.

– Ничего страшнаго нѣтъ, барышня,– вмѣшался Коля,– если вы ужъ такъ боитесь, то позвольте, я открою самъ.

– Полно, Катя,– замѣтила госпожа Алымова,– какъ тебѣ не стыдно!

Катя подумала нѣсколько минутъ, потомъ сдѣлала рѣшительный шагъ къ двери, отворила ее и остановилась въ недоумѣніи: у окна стояла Дора, та самая красавица Дора, о которой она такъ давно и такъ долго мечтала. "Но Боже мой, что же это, наконецъ, такое? Не сонъ, вѣдь; кажется? Откуда могла явиться кукла?" думала дѣвочка, и чувствовала, что мысли ея начинаютъ путаться.

– Мама, это вѣрно ты распорядилась?– спросила она госпожу Алымову, но, взглянувъ на ея удивленное лицо, сразу догадалась, что мама на этотъ разъ рѣшительно не при чемъ. Тогда она, теряясь въ догадкахъ, съ недоумѣніемъ посмотрѣла на маленькихъ сиротокъ, которыя, стоя въ сторонѣ, о чемъ-то перешептывалась.

– Это мы... не сердитесь...

– Вы? Неужели? Не можетъ быть!

– Мы, мы... не сердитесь, пожалуйста... примите въ знакъ сердечной благодарности...– несвязно лепеталъ Коля.

– Коля, зачѣмъ это?

– Вы такъ много сдѣлали для меня и для Стеши, что намъ хотѣлось отблагодарить васъ, хотя чѣмъ-нибудь... по счастію желаніе наше исполнилось...

– Но, друзья мои, вѣдь кукла стоитъ очень дорого, откуда вы взяли деньги?– спросила тогда госпожа Алымова.

– Она намъ ничего не стоитъ.

22

– Не правда, я знаю, цѣна ей пятнадцать рублей.

– Да, это вѣрно; но мы за нее ничего не заплатили.

– Какимъ же образомъ?

Коля разсказалъ подробно обо всемъ. Катя слушала его съ большимъ вниманіемъ и не переставала смотрѣть на красавицу Дору, любовалась ея изящнымъ костюмомъ, не вѣрила собственнымъ глазамъ и боялась, не сонъ ли это.

– Спасибо тебѣ, Стеша, милая, хорошая, дорогая, и тебѣ Коля тоже,– восторженно вскричала Катя, когда длинное повѣствованіе о визитѣ къ крестному отцу было окончено.

– Не за что, не за что...

– Какъ не за что? Ты доставила мнѣ такое большое удовольствіе, о которомъ я не смѣла даже и думать.– Говоря это, Катя бросилась по очереди цѣловать брата и сестру.

На розовомъ личикѣ дѣвочки дѣйствительно было написано полное удовольствіе; цѣлый день не разставалась она съ Дорою, за обѣдомъ посадила около себя, вечеромъ, когда наступила пора ложиться спать, устроила для нея кроватку изъ составленныхъ рядомъ двухъ мягкихъ бархатныхъ табуретокъ. На слѣдующій день повторилось то же самое, и затѣмъ такъ пошло постоянно. Все свое свободное время употребляла Катя на то, чтобы кроить для куклы бѣлье и платья. Сначала работа эта порою казалась довольно трудною, встрѣчались различныя препятствія – то рукавъ отъ платья не приходился къ лифу, то юбка вдругъ ни съ того, ни съ сего оказывалась или слишкомъ короткою, или уже черезъ-чуръ длинною. Но потомъ, попривыкнувъ, Катя сдѣлала замѣтные успѣхи въ рукодѣліи; въ особенности дѣла пошли хорошо, когда Стеша поступила въ пріютъ, гдѣ ее исключительно обучали шитью бѣлья и платьевъ.

По воскресеньямъ она постоянно приходила къ Алымовымъ и приносила съ собою выкройки; вотъ тутъ-то у обѣихъ дѣвочекъ начиналась настоящая работа.

Николка, давно уже поступившій въ ремесленное училище, гдѣ готовился быть столяромъ, тоже иногда по праздникамъ приходилъ къ родителямъ Кати и, въ часы досуга, мастерилъ для красавицы Доры различную мебель; въ особенности вышелъ у него удачно кукольный комодъ, который онъ работалъ подъ руководствомъ одного изъ старшихъ товарищей.

Время шло своимъ чередомъ; дѣтки подростали. Стеша обѣщала быть очень хорошею швеею; въ пріютѣ всѣ любили ее за добрый, кроткій нравъ и прилежаніе; Николка въ училищѣ былъ на очень хорошемъ счету, какъ по поведенію, такъ и по занятію; оба они постоянно съ благодарностью относились ко всему семейству Алымовыхъ, почитали и любили какъ родителей Кати, такъ точно и ее саму; она, со своей стороны, съ каждымъ днемъ все больше и больше привязывалась къ сироткамъ и зачастую, во время задушевныхъ бесѣдъ со Стешею, припоминала мельчайшія подробности ихъ первой встрѣчи.

Эти воспоминанія для обѣихъ дѣвочекъ были и тяжелы, и пріятны. Тяжелы потому, что съ ними невольно связывалась мысль о смерти Игнатьевны; пріятны потому, что съ той минуты, какъ онѣ узнали одна другую, много приходилось испытать такихъ вещей, которыя глубоко врѣзываются въ память человѣка и не изглаживаются изъ нея до самой старости.

ШИПЫ И РОЗЫ

Маленькій деревянный домикъ, въ которомъ жила Анна Романовна Глинская со своею двѣнадцатилѣтнею внучкою Таней, стоялъ на самой окраинѣ губернскаго города N.

Глядя на это скромное жилище, не трудно было догадаться, что обитатели его принадлежатъ къ разряду людей съ болѣе чѣмъ ограниченными средствами. Такъ оно и было: лишившись мужа въ очень молодыхъ годахъ, Анна Романовна всю свою жизнь посвятила дѣтямъ, съумѣла на самыя ограниченныя средства дать имъ очень приличное образованіе, одѣвала всегда не хуже другихъ, старалась окружить возможнымъ комфортомъ, и часто, порою въ ущербъ себѣ, только и думала о томъ, чтобы доставить имъ какое нибудь удовольствіе. Но вотъ, наконецъ, дѣтки выросли: -старшая дочь, Аня, кончила курсъ гимназіи съ золотою медалью, вышла замужъ за какого-то инженера и уѣхала съ нимъ заграницу. Младшій сынъ, Викторъ, поступивъ на государственную службу, женился на очень богатой дѣвушкѣ, отецъ которой имѣлъ въ Сибири золотые пріиски.

Сначала онъ служилъ въ N., но затѣмъ тесть перетащилъ его тоже въ Сибирь, куда ему пришлось отправиться зимою и гдѣ, какъ извѣстно, свирѣпствуютъ мятели, стужи, и морозъ иногда доходитъ до сорока градусовъ. Танѣ въ то время было всего два года; везти съ собою такого крошечнаго ребенка и подвергать различнымъ случайностямъ, могущимъ встрѣтиться въ дорогѣ, конечно, было немыслимо. Викторъ, съ согласія жены, рѣшился оставить малютку у бабушки до тѣхъ поръ, пока ему самому по какимъ-нибудь дѣламъ снова придется пріѣхать въ N, но, не даромъ говоритъ пословица "человѣкъ предполагаетъ, а Богъ располагаетъ", такъ оно и вышло: жена Виктора, т.-е. мать маленькой Тани, родившаяся и выросшая на югѣ, не могла перенести суроваго климата Сибири, гдѣ въ дѣтствѣ приходилось ей бывать очень рѣдко, и заболѣла серьезно. Викторъ былъ въ отчаяніи; онъ пригласилъ всѣхъ докторовъ, которыхъ только было можно; не жалѣлъ ни денегъ, ни трудовъ, ни хлопотъ; но все оказалось безполезно – бѣдная женщина умерла послѣ тяжкихъ, продолжительныхъ страданій.

Викторъ грустилъ непроходимо; потерявъ жену, онъ хотѣлъ немедленно вернуться въ N, чтобы взять съ собою Таню, какъ вдругъ навернулась новая бѣда: старый тесть скончался скоропостижно, а затѣмъ, вслѣдствіе неопытности самого Виктора и безпечности управляющаго, финансовыя дѣла пошли такъ дурно, что онъ совершенно обанкротился, и изъ бывшаго богатаго человѣка сдѣлался почти бѣднякомъ. Перенести три удара, одинъ за другимъ, оказалось свыше силъ Виктора – несчастный сошелъ съ ума; его помѣстили въ домъ умалишенныхъ, откуда доктора отъ времени до времени сообщали Аннѣ Романовнѣ о ходѣ его болѣзни, но, къ сожалѣнію, свѣдѣнія приходили самыя печальныя – всѣ считали Виктора почти неизлѣчимымъ; послѣдніе годы письма приходили все рѣже, а наконецъ и совсѣмъ прекратились. Анна Романовна полагала сына умершимъ, Таню всѣ считали сиротою. Бабушка полюбила ее еще сильнѣе и, вспомнивъ давно прошедшую пору, когда она, будучи совсѣмъ молодою женщиной, отказывала себѣ въ необходимомъ для того, чтобы больше осталось собственнымъ дѣтямъ, сосредоточила на внучкѣ всѣ заботы, любовь, попеченія... Зато же и Таня, съ своей стороны, словно чуя инстинктивно, что у нея кромѣ дорогой бабули – какъ она называла Анну Романовну – нѣтъ никого на бѣломъ свѣтѣ, привязалась къ старушкѣ всѣмъ своимъ дѣтскимъ сердечкомъ.

– Бабуленька, милая, дорогая,– часто говаривала она,– я никогда не разстанусь съ тобою, ты для меня дороже всѣхъ и всего въ мірѣ...

Старушка нѣжно обнимала дѣвочку, сажала къ себѣ на колѣни и покрывала безчисленными поцѣлуями.

Дни проходили за днями, время подвигалось впередъ обычнымъ порядкомъ; Таня замѣтно подростала; въ двѣнадцать лѣтъ она уже казалась совершенно взрослою, и не только по наружности, но и по внутреннимъ качествамъ не походила на ребенка- воспитывалась она дома. Бабушка, отъ природы очень неглупая и, кромѣ того, чрезвычайно начитанная женщина, сама занималась съ нею.

Таня очень любила всѣ науки вообще, и большую половину дня просиживала за книгами, а остальное время употребляла на то, чтобы помогать въ хозяйствѣ, которое хотя было не велико, но тѣмъ не менѣе все-таки требовало нѣкотораго досмотра. Таня всегда старалась встать раньше бабушки, чтобы приготовить для ней чай, иногда сама вмѣстѣ съ кухаркой Матреной отправлялась на рынокъ за провизіей, и затѣмъ, подъ собственнымъ руководствомъ, при помощи поварской книги, заставляла кухарку печь пироги, варить соусы и дѣлать различныя пирожныя.

– Бабушка, я сегодня придумала для тебя очень вкусный обѣдъ,– сказала однажды Таня, сидя со старушкой за утреннимъ чаемъ.

– Но, дружокъ мой,– отозвалась послѣдняя,– не забудь, что мѣсяцъ подходитъ къ концу; пенсію я могу получить не раньше 10-го числа, а между тѣмъ казна наша замѣтно истощается раньше обыкновеннаго, потому что ты непремѣнно заставила меня купить себѣ новые сапожки, безъ которыхъ я отлично могла бы обойтись еще, по крайней мѣрѣ, полгода.

— Ну, ужъ итого не смѣй думать, бабуля; развѣ возможно одѣвать дырявые сапоги, когда на дворѣ начинаетъ дѣлаться сыро и холодно.

— Зачѣмъ дырявые, дружокъ, я могла отдать починить ахъ, стоило бы гораздо дешевле.

— Полно, полно, не бунтуй, бабушка!

— Да, что, не бунтуй: вотъ послушалась тебя, а теперь и приходится волей-неволей экономничать.

— Что же за бѣда; сдѣлаемъ обѣдъ попроще.

— Для меня-то все равно, но я желала бы, чтобы тебѣ было по вкусу.

— Мнѣ все по вкусу, бабуля, ты знаешь, я неприхотлива,— и Таня начала придумывать, какія бы состряпать кушанья, чтобы стоило недорого и въ то же самое время вышло вкусно. Вопросъ оказался довольно сложный, такъ что она болѣе получаса просидѣла на одномъ и томъ же мѣстѣ, устремивъ свои хорошенькіе, черные глазки въ окно, мимо котораго въ эту минуту проѣхалъ щегольской экипажъ запряженный четверкою вороныхъ лошадей. Въ экипажѣ, граціозно откинувшись на мягкомъ сидѣньѣ, полулежала разодѣтая по послѣдней парижской картинкѣ еще не старая женщина; рядомъ съ нею въ точно такой же позѣ помѣщалась маленькая дѣвочка, вся, какъ говорится, съ ногъ до головы обшитая кружевами.

"Счастливицы, имъ, вѣроятно, никогда не приходится ломать головы, какъ бы устроить подешевле обѣдъ", невольно подумала Таня и взглянула на бабушку

Бабушка, должно быть, угадала ея мысль, потому что вслухъ выразила почти то же самое.

— Только, Богъ знаетъ, вполнѣ ли онѣ счастливы!— добавила старушка.

— Неужели можно еще чего-нибудь желать при подобной обстановкѣ? Я была бы совершенно довольна, еслибъ могла пожить такъ не только на самомъ дѣлѣ, но хотя во снѣ.— И Таня, одаренная отъ природы чрезвычайно пылкимъ воображеніемъ, долго рисовала себѣ мысленно различныя картины недосягаемаго блаженства.

— Что же прикажете приготовить къ обѣду?— раздался вдругъ надъ самымъ ухомъ дѣвочки давно знакомый голосъ кухарки Матрены, которая подошла такъ тихо и неожиданно, что Таня, увлеченная пріятными думами, въ первую минуту даже испугалась и вздрогнула.

— Къ обѣду?— повторила она разсѣянно: — надо будетъ сварить супъ съ какими нибудь крупами... у насъ кажется есть вѣдь на полкѣ въ бумажномъ тюрючкѣ. Потомъ... потомъ... ну да пойдемъ на кухню, тамъ скорѣе придумаемъ, и она послѣдовала за кухаркой въ сосѣднюю комнату.

Оставшись одна, Анна Романовна снова опустила на столъ взятое было въ руки вязанье, и глубоко задумалась; ее очень тревожила будущность Тани; старушка знала, что пока она сама жива, Таня не умретъ съ голоду, но ей вѣдь пошелъ уже восьмой десятокъ – не сегодня-завтра можетъ умереть; что тогда ожидаетъ Танюшу? Кто будетъ заботиться о ней? Кто приласкаетъ, приголубитъ?..– и по морщинистымъ щекамъ старушки тихо покатились слезы; болѣе часа провела бабушка въ подобныхъ размышленіяхъ. У Тани между тѣмъ работа кипѣла ключемъ; Матрена, по ея приказанію, давно уже развела плиту, сходила въ лавочку за мясомъ и прочими необходимыми припасами. На полкѣ, по счастію, дѣйствительно оказалось нѣсколько забытыхъ тюрючковъ съ крупами, макаронами и тому подобнымъ; все это пошло въ дѣло, и обѣдъ обѣщалъ быть, если не особенно изысканнымъ, то по крайней мѣрѣ сытнымъ, и по возможности вкуснымъ.

Засучивъ рукава, Таня усердно что-то мѣшала въ глиняномъ горшкѣ, и только что собиралась вставить его въ духовую печь, какъ вдругъ въ передней раздался звонокъ.

– Матрена, поди отопри,– сказала она;– кто бы это могъ быть такой?

Матрена поспѣшно сбросила съ себя полосатый тиковый передникъ, покрытый безчисленнымъ множествомъ жирныхъ пятенъ, замѣнила его другимъ, болѣе чистымъ, пригладила рукою волосы, обдернула платье и направилась къ двери.

– Здѣсь живетъ госпожа Глинская?– раздался черезъ минуту незнакомый, женскій голосъ.

– Здѣсь,– отвѣчала Матрена.

– А внучка ея дома?

– Дома.

– Можно видѣть?

– Можно, пожалуйте; да вамъ кого угодно – саму барыню или барышню?

– Мнѣ нужно ту и другую; но прежде я бы желала переговорить съ барышней.

– Пожалуйте,– вторично предложила Матрена и ввела неожиданную гостью въ гостиную, обстановка которой, какъ и наружный видъ всего домика, явно доказывала о недостаточныхъ средствахъ хозяевъ.– Я сейчасъ позову барышню,– добавила она, направившись обратно въ кухню.

– Это эта дама?– шопотомъ спросила Таня.

– Не знаю; совсѣмъ незнакомая, первый разъ вижу.

– Что же ей надобно?

– Спрашиваетъ бабушку и васъ.

– Скажи бабушкѣ; я выйду послѣ.

– Она говоритъ, что васъ ей надо раньше видѣть.

– Меня?

– Да, васъ.

– Не думаю, Матрена: ты вѣрно ошиблась.

– Нѣтъ, барышня, не ошиблась; а коли хотите, можно сходить переспросить...

– Не надо,– сказала Таня улыбнувшись, и пошла въ гостиную, гдѣ въ лицѣ неожиданной гостьи сейчасъ же узнала классную даму гимназіи, съ которою встрѣчалась у родителей одной изъ своихъ подругъ, Нади Леоновой, воспитывавшейся въ этой самой гимназіи.

– Вы, если не ошибаюсь, внучка Анны Романовны Глинской?– спросила классная дама.

– Совершенно вѣрно.

– Я пріѣхала къ вамъ по дѣлу.

– Что прикажете?

– Да вотъ, видите ли... Прежде всего, скажите мнѣ откровенно, желали ли бы вы жить въ очень богатомъ домѣ и пользоваться всевозможными удобствами?

– Конечно,– отвѣчала дѣвочка смотря съ недоумѣніемъ на свою собесѣдницу,– но развѣ это возможно?

– Возможно, если только ваша бабушка не будетъ имѣть ничего противъ.

– То-есть какъ? Если бабушка не будетъ имѣть ничего противъ?– Вѣдь она тоже можетъ вмѣстѣ со мною пользоваться всѣмъ этимъ.

– Нѣтъ, предложеніе мое относится исключительно къ вамъ.

– Значитъ мнѣ пришлось бы разстаться съ бабушкой?

– Обязательно.

– Нѣтъ, нѣтъ, ни за что на свѣтѣ...

– Но не совсѣмъ вѣдь разстаться: вы можете хоть каждый день приходить навѣщать ее,– только жить придется врознь.

Таня грустно склонила головку.

– Зато, дитя мое,– продолжала классная дама:– вамъ пойдетъ хорошее жалованье, вы улучшите положеніе вашей старушки, которая, какъ я слышала, не особенно богата, а въ ея годы терпѣть недостатки и лишенія, увѣряю васъ, порою очень трудно.

Эти послѣднія слова, какъ и надо было ожидать, произвели на дѣвочку сильное впечатлѣніе.

– Хорошо,– сказала она, я согласна, только во всякомъ случаѣ безъ разрѣшенія бабушки не могу дать положительнаго отвѣта.

– Само собой разумѣется; мнѣ только хотѣлось знать, желаете ли вы.

– Желаю; хотя, собственно говоря, не знаю еще въ чемъ дѣло. Да вотъ и бабушка,– добавила Таня, замѣтивъ, что дверь, ведущая въ сосѣднюю комнату, пріотворилась, и на порогѣ показалась Анна Романовна.

– Бабушка, эта дама служитъ въ гимназіи, гдѣ воспитывается Надя Леонова,– пояснила она.

Анна Романовна любезно протянула руку и знакомъ пригласила гостью сѣсть на клеенчатый диванъ.

– Я явилась съ маленькимъ предложеніемъ,– заговорила классная дама.

– Что прикажете?

– Это цѣлая исторія. Угодно будетъ вамъ выслушать?

– Съ удовольствіемъ; Таня не помѣшаетъ своимъ присутствіемъ?

– Нисколько, потому что предметъ касается исключительно ея.

Старушка вся обратилась въ слухъ.

– Дѣло состоитъ въ слѣдующемъ,– начала классная дама;– въ нѣсколькихъ верстахъ отъ нашего города живетъ одинъ богатый помѣщикъ, князь Курбатовъ; можетъ быть вы даже знаете его?

– Нѣтъ я его лично не знаю, но слышала очень много.

– Княгиня, жена его, пожелала помѣстить одну изъ дочерей своихъ, Мери, въ нашу гимназію, и такъ какъ оставить ее постоянно жить въ гимназіи нашла неудобнымъ, то устроила на квартирѣ самой начальницы. Княжнѣ, понятно, скучно покажется быть въ свободное отъ уроковъ время въ обществѣ большихъ, а потому княгиня просила начальницу пріискать какую нибудь дѣвочку ея лѣтъ, которая могла бы быть компаньонкой Мери, вмѣстѣ ходить гулять, ѣздить кататься... Начальница обратилась ко мнѣ за совѣтомъ, а я вспомнила про вашу внучку, съ которою мы встрѣчались у Леоновыхъ, и хотя очень мало имѣю удовольствія знать ее, но какъ кажется не ошибаюсь въ томъ, что она хорошая, милая барышня и держитъ себя не по лѣтамъ серьезно,– что именно въ данную минуту и нужно, такъ какъ маленькая княжна чрезвычайно бойка и любитъ порѣзвиться. Княгиня предлагаетъ двадцать рублей жалованья въ мѣсяцъ, конечно, на всемъ готовомъ. Согласны вы будете отпустить Таню?

Лицо Анны Романовны приняло какое-то странное выраженіе, на глазахъ ея даже блестѣли слезы... Таня прижалась къ ней близко, близко, и взоромъ умоляла согласиться., Обѣщанныя двадцать рублей казались дѣвочкѣ крайне привлекательными и, кромѣ того, жизнь въ богатомъ домѣ обѣщала очень много пріятнаго.

– Бабуленька, я вѣдь каждый день буду приходить къ тебѣ на часокъ,– это позволятъ мнѣ.

– А по праздникамъ даже съ утра и до поздняго вечера,– добавила классная дама.

– Все это прекрасно,– замѣтила Анна Романовна,– но...

– Но что?

– Я боюсь, что маленькая княжна, какъ всѣ почти люди богатые и знатные, будетъ считать Таню ниже себя, пожалуй станетъ обращаться какъ съ какою нибудь наемщицею и сдѣлаетъ жертвою своихъ капризовъ.

– Полноте, зачѣмъ такія мрачныя мысли!

– Согласитесь, что подобныя вещи случаются очень часто.

– Тутъ ничего подобнаго случиться не можетъ.

– Почему?

– Во-первыхъ, потому, что княгиня женщина очень умная, слѣдовательно, вѣроятно она съумѣла внушить дѣтямъ своимъ только одно хорошее; во-вторыхъ, я сама буду слѣдить за всѣмъ, и вѣрьте – если что замѣчу, во-время приму мѣры.

Бабушка ничего не отвѣчала. Классная дама нѣсколько минутъ сидѣла молча какъ бы выжидая, но затѣмъ, видя, что Анна Романовна не намѣрена больше возражать, первая нарушила молчаніе.

– Что же?– сказала она:– какой отвѣтъ? Княгиня привезетъ Мери послѣзавтра.

– Бабушка, какъ ты думаешь?– нерѣшительно спросила Таня.

– Этотъ вопросъ надо обсудить и взвѣсить хорошенько,– отозвалась Анна Романовна; – завтра Таня придетъ въ гимназію и скажетъ вамъ положительно да или нѣтъ, а теперь такъ скоро я ничего не могу отвѣтить.

– Хорошо, подождемъ до завтра; но совѣтую вамъ, Анна Романовна, согласиться. Танечкѣ счастіе посылается съ неба, и если вы не захотите имъ воспользоваться, то впослѣдствіи можете жестоко пожалѣть. До свиданія же,– добавила она, вставъ съ мѣста: – завтра къ двѣнадцати часамъ жду отвѣта.

– Непремѣнно.

– Ты только подумай, Таня, сколько будешь имѣть удовольствія, живя вмѣстѣ съ княжною,– снова заговорила классная дама, подойдя къ двери,– гулять и кататься вмѣстѣ; а ужъ какой экипажъ, какія лошади,– просто загляденье! Рослыя, вороныя...

– Такъ не княгиня ли это проѣхала мимо насъ, незадолго до вашего прихода?– съ любопытствомъ спросила Таня.

– Въ коляскѣ, четверкою?

– Да.

– Она; значитъ, ты ее видѣла.

– Какой чудный экипажъ!– невольно воскликнула Таня.

– Не правда ли? А лошади-то каковы?

– Роскошь!

31

– Вотъ то-то и есть, Таня; всею этою роскошью ты можешь пользоваться.

И дружески кивнувъ головой, классная дама поспѣшно вышла изъ комнаты.

– Ну, бабуля, какъ ты думаешь, на что намъ рѣшиться?– снова спросила Таня, когда кухарка захлопнула дверь за удалившейся гостьей.

– Ахъ, дружокъ, ума не приложу.

– Но чего именно, бабушка, ты такъ боишься?

– За тебя боюсь, мое сокровище; знаешь, вѣдь чужой хлѣбъ-то, говорятъ, порою бываетъ очень горекъ; положимъ, мы съ тобою живемъ не богато, даже больше чѣмъ не богато... нуждаемся подъ-часъ... вотъ хотя бы сегодня, отказываемъ себѣ въ необходимомъ...

– Ну этого, положимъ, нѣтъ, бабуля, къ чему говорить лишнее!

– Какъ нѣтъ? Развѣ ты не старалась смастерить обѣдъ только изъ того, что нашлось дома, чтобы не дѣлать лишнихъ расходовъ? А все же, никому не обязаны, никто не смѣетъ упрекнуть... но тогда – Богъ знаетъ!... Опять, взять съ другой стороны – двадцать рублей для насъ большія деньги; кромѣ того, ты будешь пользоваться отличнымъ столомъ, хорошимъ помѣщеніемъ... и различными удовольствіями, о которыхъ теперь нечего и думать...

– Правда, бабуля, все правда, что ты говоришь. Не скрою, очень хочется попробовать счастія пожить иначе, чѣмъ жила до сихъ поръ. Я увѣрена, что новая обстановка очень хороша, и я не буду раскаиваться... только вотъ, какъ ты тутъ одна останешься? Кто по утрамъ будетъ приготовлять чай, кто озаботится обѣдомъ?...

– Обо мнѣ не думай, крошка,– ласково отвѣчала бабушка,– я что? Моя пѣснь спѣта! А ты еще начинаешь жить, слѣдовательно надо стараться, чтобы тебѣ было хорошо... это гораздо важнѣе.

Разговоръ на эту тему между бабушкой и внучкой продолжался довольно долго; много чего было переговорено, взвѣшено, перевѣшено; не обошлось даже безъ маленькаго спора, когда та и другая сторона стали высказывать свои взгляды по поводу сдѣланнаго классною дамой предложенія; но въ концѣ-концовъ все-таки на общемъ совѣтѣ порѣшили – согласиться. И вотъ Таня, проснувшись на слѣдующій день раньше обыкновеннаго, тихонько встала съ постели, чтобы не разбудить бабушку, на-скоро умылась, причесалась и встала на колѣни передъ большимъ образомъ Спасителя, висѣвшимъ тутъ же въ спальнѣ, принялась молиться о томъ, чтобы Господь благословилъ ее на новую жизнь,– помогъ выполнить взятую на себя обязанность какъ можно лучше, для того, чтобы, во-первыхъ, оказать хотя какую нибудь помощь дорогой бабулѣ, а во-вторыхъ, и себѣ дать возможность попользоваться нѣкоторымъ комфортомъ и удовольствіемъ.

– Ты уже встала, Таня,– сказала Анна Романовна, услыхавъ шорохъ.

– Да, бабушка, встала, одѣлась, Богу помолилась, иду заваривать чай и распорядиться обѣдомъ, чтобы спокойно отправиться въ гимназію.

– Съ Богомъ, съ Богомъ, дружокъ, я сейчасъ тоже встану.

И добрая старушка не замедлила выйти изъ своей комнаты въ гостиную, гдѣ на раскрытомъ ломберномъ столѣ, придвинутомъ къ окну, давно уже красовался чисто вычищенный самоваръ и чайная посуда.

Бабушка и внучка сѣли за чай; разговоръ между ними, конечно, вертѣлся на одномъ и томъ же предметѣ; обѣ онѣ были видимо взволнованы, но какъ та, такъ и другая, разъ обдумавъ и рѣшившись, не отступали больше отъ своего намѣренія. Таня съ безпокойствомъ посматривала на часы; въ половинѣ двѣнадцатаго она встала съ мѣста, надѣла шляпку, пальто и подошла къ бабушкѣ.

– Бабуля, благослови!– проговорила дѣвочка, едва сдерживая рыданіе, и привстала на колѣни.

– Господь да благословитъ тебя, дитя мое,– отвѣчала бабушка, тоже съ трудомъ сохраняя наружное спокойствіе. Затѣмъ, перекрестивъ Таню, положила ей обѣ руки на голову.– Ступай, ступай,– сказала она дрожащимъ голосомъ,– ровно въ двѣнадцать ты должна быть въ гимназіи, гдѣ тебя можетъ быть сегодня же пожелаютъ и совсѣмъ оставить,

Таня выбѣжала на улицу и, чтобы сократить путь, пошла ближней дорогой. Послѣ получасовой, довольно ускоренной ходьбы, она достигла наконецъ цѣли своего путешествія, и остановилась около довольно высокаго каменнаго дома, на которомъ красовалась черная вывѣска: "Женская гимназія". Швейцаръ отворилъ ей стеклянную дверь; она поднялась на лѣстницу и очутилась въ длинномъ корридорѣ. По объимъ сторонамъ корридора были такія же стеклянныя двери – онѣ вели въ классныя комнаты. Но, Боже мой, что за угрюмый видъ имѣли эти комнаты со своими необыкновенно длинными школьными деревянными столами и такими же скамейками! По стѣнамъ висѣли географическія карты и стояли шкафы, а на нихъ большіе и маленькіе глобусы. Дальше виднѣлись портреты нѣкоторыхъ знаменитыхъ русскихъ писателей, и опять шкафы, черезъ стеклянныя дверцы которыхъ Таня могла совершенно свободно разглядѣть массу набитыхъ чучелъ, птицъ и разныхъ звѣрьковъ. Подойдя ближе, дѣвочка остановилась и начала съ большимъ вниманіемъ разсматривать то и другое.

– Нравится тебѣ это?– вдругъ раздался позади ея чейто голосъ.

Таня обернулась. Въ нѣсколькихъ шагахъ отъ нея стояла высокая женская фигура, одѣтая въ темно-синее кашемировое платье.

– Очень,– отвѣчала дѣвочка поклонившись

– Но кто ты такая, дитя мое, откуда пришла, какъ зовутъ тебя.

– Меня зовутъ Таней, по фамиліи Глинская. Пришла я отъ бабушки съ отвѣтомъ на счетъ...

– А, понимаю, г-жа Дубовская, одна изъ моихъ классныхъ дамъ, мнѣ о тебѣ много говорила хорошаго.

Таня вторично поклонилась. Дама въ синемъ платьѣ обняла ее за талію, притянула къ себѣ и поцѣловала.

– Скажи же мнѣ, милая дѣвочка, ты не прочь поступить компаньонкой къ княжнѣ Курбатовой?

– Да,– отвѣчала Таня,– я пришла къ вамъ нарочно, чтобы сообщить результатъ рѣшенія бабушки.

– Отлично; пойдемъ въ мой кабинетъ, тамъ мы поговоримъ свободнѣе.

И дама, которая оказалась начальницею гимназіи, направилась къ двери. Таня послѣдовала за нею.

Выйдя опять въ длинный корридоръ, онѣ прошли его почти насквозь и, очутившись на самомъ концѣ, завернули на-право въ роскошно убранную комнату; окна выходили на дворъ, гдѣ, но случаю часа рекреаціи, гуляли и играли гимназистки; ихъ было такое множество, и всѣ онѣ до того походили одна на другую въ своихъ коричневыхъ платьицахъ съ черными передниками, что Танѣ въ первую минуту всѣ онѣ показались на одно лицо, и она съ большимъ трудомъ могла найти между ними свою подругу, Надю Леонову. Начальница взяла со стола колокольчикъ и позвонила.

– На дворѣ моментально наступила тишина и спокойствіе.

– Кто сегодня дежурная?– спросила она черезъ форточку.

– Я,– отвѣтила одна изъ воспитанницъ старшаго класса.

– Потрудитесь попросить ко мнѣ г-жу Дубовскую.

– Сію минуту.

Г-жа Дубовская явилась немедленно; начальница любезно протянула ей руку.

– Благодарю васъ за то, что нашли такую славную дѣвочку,– мнѣ она очень нравится.

– Душевно рада,– отозвалась классная дама,– значитъ она остается у насъ?

– Да, бабушка ея согласна.

– Будьте же любезны показать ей комнату княжны и познакомить ихъ, когда послѣдняя пріѣдетъ.

– Но княгиня вѣдь хотѣла привезти ее только завтра.

– Нѣтъ, я сію минуту получила письмо: княгиня передумала, будетъ сегодня, и даже, какъ кажется, очень скоро.

Г-жа Дубовская взяла Таню за руку и, выйдя въ рекреаціонную залу, начала говорить слѣдующее:

– Съ сегодняшняго дня, моя милая, вы вступаете въ новую для васъ роль – компаньонки; старайтесь съумѣть заслужить расположеніе княжны, никогда ни въ чемъ не спорьте съ нею; помните, что вы находитесь въ полнѣйшей зависимости; ея капризъ подъ-часъ долженъ быть для васъ закономъ, иначе вы не понравитесь княгинѣ, она не захочетъ имѣть васъ при дочери, придется возвратиться домой,– это и бабушкѣ не понравится, и передъ всѣми знакомыми будетъ совѣстно...

Таня слушала рѣчь класснй дамы съ большимъ вниманіемъ; ее поражало то, что вчера она говорила и разсуждала совершенно иначе.

"Такъ вотъ какъ!– думала дѣвочка:– пожалуй, бабушка была права, говоря часто, что нѣтъ розы безъ шиповъ; при такой обстановкѣ, какъ сейчасъ описала классная дама, жизнь моя съ княжною сулитъ мало радостей..."

Г-жа Дубовская, между тѣмъ, проходя цѣлый рядъ классныхъ комнатъ, все шла впередъ и впередъ. Таня слѣдовала за нею.

– Здѣсь апартаменты княжны,– сказала она наконецъ, прервавъ мрачныя мысли будущей компаньонки, и вводя ее въ изящную комнатку, обитую розовыми обоями; – это ваше гнѣздышко, посмотрите, какъ все красиво, хорошо и изящно...

– Да,– отвѣчала Таня упавшимъ голосомъ и принялась машинально разглядывать каждую вещицу.

– Княжна должна пріѣхать съ часу на часъ,– продолжала словоохотливая дама,– приготовьтесь встрѣтить ее, и не смотрите такой букой.

Таня постаралась улыбнуться, но вмѣсто улыбки у нея вышла какая-то гримаса; г-жа Дубовская, впрочемъ, должно быть не замѣтила этого, потому что, не сдѣлавъ больше никакого выговора, снова предложила слѣдовать за нею куда-то и дожидать тамъ пріѣзда Мери. Мери дѣйствительно не замедлила явиться. Какъ только вошла она въ комнату, Таня сейчасъ же узнала въ ней ту самую дѣвочку, которая вчера съ шикомъ пронеслась въ коляскѣ мимо оконъ бабушкиной квартиры. Та же шляпка съ превосходнымъ бѣлымъ перомъ сидѣла на головѣ дѣвочки по-прежнему красиво, то же кружевное платьице граціозно обхватывало ея гибкій станъ; она держала головку нѣсколько откинувши назадъ и смотрѣла на всѣхъ окружающихъ какъ бы съ презрительною улыбкою. За нею слѣдовала княгиня, одѣтая очень нарядно.– Начальница гимназіи и всѣ классныя дамы почтительно поклонились, княгиня подала руку только одной начальницѣ, а остальнымъ слегка кивнула головою.

– Я привезла вамъ мою Мери,– заговорила она медленно, какъ-то на-распѣвъ,– прошу любить да жаловать.

– Помилуйте, княгиня, развѣ можно не любить такую прелестную дѣвочку,– отозвалась начальница.

Мери самодовольно улыбнулась.

– А гдѣ же ея компаньонка?– снова начала княгиня.

Г-жа Дубовская, взявъ Таню обѣими руками за талію, осторожно подвинула впередъ. Таня покраснѣла до ушей.

– Очень рада познакомиться, душенька,– продолжала княгиня, оглядывая маленькую дѣвочку съ ногъ до головы.

Слово "душенька" какъ-то непріятно прозвучало въ ушахъ Тани, она опустила глаза и молча принялась крутить кончикъ своего чернаго передника.

– Ваше сіятельство, можно проводить княжну въ отведенную ей комнату, чтобы она перемѣнила изящное платье на коричневый костюмъ?– осмѣлилась спросить начальница, желая положить конецъ неловкому состоянію будущей компаньонки.

– Пожалуйста; мнѣ самой необходимо скорѣе вернуться домой, гдѣ меня ожидаютъ гости,– отвѣчала княгиня и, нагнувшись къ дочери, поцѣловала ее въ лобъ, и вторично кивнувъ головою всѣмъ присутствующимъ, направилась къ двери.

– Въ субботу, Мери, я сама или кто-нибудь изъ домашнихъ пріѣдетъ за тобою,– сказала она, снова обернувшись къ княжнѣ,– а сегодня вечеромъ папа пришлетъ экипажъ, чтобы вы могли покататься. Экипажъ останется здѣсь въ городѣ, ты можешь пользоваться имъ когда только захочешь.

Княжна подбѣжала къ матери и, въ знакъ благодарности за обѣщанное удовольствіе, обняла ее.

– Ну, теперь отправляйтесь въ вашу. комнату, чтобы переодѣться,– предложила г-жа Дубовская; – Таня, прошу и васъ слѣдовать за княжною.

Дѣвочка молча повиновалась. Первое время ей казалось очень неловко быть вмѣстѣ съ княжною, и княжнѣ тоже самое; онѣ рѣшительно не знали, что говорить, и только изрѣдка обмѣнивались какимъ-нибудь незначительнымъ замѣчаніемъ, но къ вечеру познакомились ближе, въ особенности, когда, усѣвшись вдвоемъ въ изящный маленькій фаэтонъ, отправились кататься. Покачиваясь на мягкой, эластичной подушкѣ, Таня чувствовала себя очень пріятно, и положительно не могла безъ нѣкотораго удовольствія смотрѣть на лица своихъ знакомыхъ, которые попадались на - встрѣчу: "счастливица!" выражали собою эти изумленныя лица, и Танѣ дѣйствительно начало казаться, что счастливѣе и довольнѣе ея трудно найти человѣка не только во всемъ N, но даже въ цѣломъ мірѣ. Фаэтонъ, между тѣмъ, быстро заворачивая изъ улицы въ улицу, незамѣтнымъ образомъ очутился около дома бабушки.

– Вотъ тутъ живетъ моя дорогая старушка,– сказала Таня, пристально взглянувъ на то окно, у котораго Анна Романовна обыкновенно сидѣла; но фаэтонъ, промчался такъ скоро, что онѣ почти не успѣли ничего разглядѣть.

– Какая старушка?– спросила Мери.

– Моя бабушка.

– А гдѣ же ваши родители?

– Мать умерла, а объ отцѣ давно ничего не знаю.

И Таня подробно разсказала всю свою біографію. Княжна слушала ее съ большимъ вниманіемъ, разговоръ съ каждою минутою становился все оживленнѣе и оживленнѣе, безпрестанно переходилъ съ одного предмета на другой, и прекратился только на то время, когда, по возвращеніи въ гимназію, г-жа Дубовская напомнила Мери, что надо заняться приготовленіемъ уроковъ къ завтрашнему дню.

– Что же вы будете дѣлать пока?– спросила Мери свою собесѣдницу.

– Если возможно, я очень была бы рада сбѣгать на минутку къ бабушкѣ.

– Нѣтъ, нѣтъ, неудобно,– мнѣ скучно оставаться одной.

– Но вѣдь вы будете заняты уроками.

– Вамъ до этого нѣтъ дѣла,– грубо отозвалась Мери: – мама наняла компаньонку не для бабушки, а для меня.

У Тани навернулись слезы; она молча взглянула на стоявшую тутъ классную даму, какъ бы желая напомнить, что та обѣщала заступиться, если кто вздумаетъ обижать ее; но г. Дубовская не замѣтила умоляющаго взора дѣвочки и, не проронивъ ни одного слова, направилась на свою половину.

Таня открыла первую попавшуюся книгу – это оказалась англійская грамматика.

– Не про насъ писано!– насмѣшливо замѣтила Мери.

– Княжна, зачѣмъ вы говорите со мною такъ рѣзко?– спросила Таня, которая, при всемъ желаніи удержаться, не въ силахъ была дольше владѣть собою.

– Какъ! Что! Вы смѣете дѣлать мнѣ замѣчаніе; нѣтъ, это невозможно! Я не привыкла къ замѣчаніямъ, да еще отъ маленькой дѣвочки, которая получаетъ жалованье за то, что находится при мнѣ компаньонкою... Сейчасъ пойду къ начальницѣ, разскажу все...

– Я вовсе не дѣлаю замѣчаній, только...

Но Мери уже ничего не слыхала; она моментально побросала на полъ книги и стремглавъ выбѣжала изъ комнаты. Таня стояла какъ громомъ пораженная, она не двигалась съ мѣста; по щекамъ ея катились крупныя слезы: "нѣтъ розъ безъ шиповъ", мысленно проговорила дѣвочка, ожидая навѣрное, что сейчасъ надъ нею разразится буря. По корридору, между тѣмъ, слышались шаги... дверь отворилась, и на порогѣ показалась г-жа Дубовская въ сопровожденіи маленькой княжны, тоже обливавшейся слезами.

– Таня, это ни на что не похоже!– начала классная дама строгимъ голосомъ,– вы вовсе не оправдываете моихъ ожиданій! Развѣ можно говорить грубости такой милой дѣвочкѣ какъ княжна Мери, отъ которой вы въ настоящее время вполнѣ зависите; я накажу васъ и, кромѣ того, обо всемъ сообщу бабушкѣ,– ей будетъ очень непріятно...

– Я никакихъ грубостей не говорила,– оправдывалась Таня.

– Неправда, неправда, говорили,– утверждала Мери.

– Нѣтъ, не говорила.

– Нѣтъ, говорили,– спорили дѣвочки, стараясь изо всѣхъ силъ перекричать другъ друга.

– Довольно, перестаньте,– остановила ихъ, наконецъ, классная дама;– на первый разъ, Таня, я ограничиваюсь однимъ выговоромъ, но если вы еще когда нибудь вздумаете раздражать княжну, то и начальница, и бабушка непремѣнно узнаютъ обо всемъ; теперь же совѣтую попросить у княжны прощенія, она навѣрное будетъ такъ великодушна и добра, что не откажетъ въ этомъ.

Сердце Тани билось ускоренно; она считала себя правой, но, боясь новыхъ непріятностей и, главное не желая смутить бабушку, которой навѣрное всю исторію передали бы совершенно иначе, нехотя подошла къ Мери и молча протянула руку.

– Это вовсе не похоже на извиненіе,– замѣтила классная дама,– вы должны хорошенько, отъ всей души, просить княжну не сердиться на васъ.

– Княжна, простите меня!– скороговоркой сказала Таня.

– Хорошо, я васъ прощаю,– такъ же холодно отвѣтила Мери.

Госпожа Дубовская удалилась. Дѣвочки, оставшись однѣ, сидѣли молча. Мери уткнула носъ въ книгу и только искоса поглядывала на свою собесѣдницу, которая, пріютившись въ уголокъ дивана, по временамъ тихо всхлипывала.

Въ десять часовъ горничная пришла дѣлать постели.

– Все готово,– сказала она,– прикажете раздѣть васъ, ваше сіятельство?

– Да, потрудитесь.

Она принялась снимать съ Мери платье, юбки, сапожки. Таня, конечно, разделась сама и, вставъ на колѣни передъ образомъ, начала молиться; слезы еще обильнѣе потекли изъ глазъ ея, въ особенности, когда на молитвѣ по обыкновенію вспомнила бабушку. Мери видимо было неловко, но она дѣлала надъ собою всевозможныя усилія, чтобы не выказать этого и, юркнувъ подъ бѣлое одѣяльце, отвернулась къ стѣнѣ, зажмурила глазки. Въ комнатѣ наступила полнѣйшая, ничѣмъ ненарушимая тишина; матовый блескъ серебристаго мѣсяца назойливо пробивался сквозь опущенныя сторы, и отбрасывалъ длинныя, косыя тѣни по стѣнамъ и мебели... гдѣ-то на улицѣ слышался шумъ проѣзжавшаго мимо экипажа... на дворѣ лаяла собака... Дѣвочкамъ не спалось; онѣ безпрестанно ворочались съ боку на бокъ. Таня не переставала плакать.

– Вы не спите?– окликнула ее княжна.

– Нѣтъ.

– Отчего?

– Не хочется.

Княжна присѣла на кровати, спустила свои маленькія ножки, всунула ихъ въ туфельки, и тихою, едва слышною стопою подошла къ кровати своей компаньонки.

– Что вы, Мери?– спросила ее та съ удивленіемъ. Мери, вмѣсто отвѣта, бросилась къ ней на шею, обняла и зарыдала истерически.

– Мери, Мери, успокойтесь!– говорила Таня, не зная чему приписать подобную выходку.

– Не сердитесь...– едва слышно отвѣчала Мери и, какъ бы испугавшись чего-то или не желая вступать въ дальнѣйшія объясненія, сію же минуту вернулась обратно къ своей постели. На слѣдующее утро день пошелъ обычнымъ порядкомъ; маленькая княжна, вѣроятно сознававшая въ душѣ, что неправа передъ Таней, старалась быть съ нею какъ можно любезнѣе, и даже сама попросила начальницу уволить ее къ бабушкѣ на тѣ часы, которые она будетъ проводить въ классѣ. Начальница, желая угодить своей высокопоставленной воспитанницѣ, конечно сейчасъ же согласилась.

– Прикажите заложить фаэтонъ,– обратилась къ ней Мери, я не хочу, чтобы Таня шла пѣшкомъ ни туда, ни обратно; кучеръ подождетъ ее у подъѣзда.

– Хорошо, будьте покойны, все будетъ сдѣлано согласно вашему желанію.

Княжна отправилась въ классы, а начальница, удалившись въ кабинетъ, немедленно потребовала въ себѣ Таню. "Что такое случилось? Зачѣмъ меня зовутъ?– подумала послѣдняя,– вѣрно опять противная княжна что нибудь насплетничала... давно ли кажется плакала, да раскаявалась... а теперь опять за старое..."

И нетвердыми шагами, дрожа словно въ лихорадкѣ направилась въ кабинетъ начальницы, которая сообщила ей, что по просьбѣ княжны увольняетъ ее къ бабушкѣ на два часа. Глаза дѣвочки радостно заблестѣли.

— Постойте, это еще не все,— продолжала начальница,— княжна желаетъ, чтобы вы ѣхали туда и обратно въ ея экипажѣ.

Таня пришла положительно въ восторгъ и душевно пожалѣла о томъ, что дурно подумала о Мери въ то время, когда она старалась доставить ей удовольствіе: доброе, любящее и неиспорченное сердце ея заныло тоскливо, болѣзненно; ей очень хотѣлось скорѣе увидѣть княжну, обнять, поблагодарить, и въ свою очередь сказать: "не сердитесь, я мысленно обвинила васъ въ томъ, въ чемъ вы не виноваты". Но Мери нельзя было видѣть; она сидѣла въ классѣ; фаэтонъ между тѣмъ уже подкатилъ къ подъѣзду; Таня сѣла въ него съ полнымъ удовольствіемъ и поѣхала къ бабушкѣ, которая, увидавъ изъ окна дорогую гостью, такъ обрадовалась, что выбѣжала встрѣтить на крыльцо. Старая Матрена и нѣкоторыя изъ сосѣдокъ также повысовывали свои головы, кто въ окно, кто въ открытыя форточки, кто сквозь полузатворенную калитку. Экипажи въ такомъ родѣ, какъ изящный фаэтонъ князя Курбатова, составляли рѣдкое явленіе среди той безлюдной улицы, гдѣ жила бабушка, и потому каждому хотѣлось полюбоваться имъ.

— Вѣдь этакое счастіе, подумаешь, выдалось человѣку,— говорили между собою сосѣдки-дѣвочки, знавшія Таню раньше,— точно царица какая подкатила! Счастливица, нечего сказать!

Таня, проходя дворомъ, не могла не слышать этихъ возгласовъ, которые чрезвычайно льстили ея самолюбію, и казались настолько пріятными, что совершенно заставили забыть вчерашнее горе.

— Бабуля, дорогая, здравствуй!— вскричала она радостно, бросившись въ объятія Анны Романовны.

— Здравствуй, милая крошка; ну, какъ тебѣ живется-можется на новосельѣ?

— Пока, отлично; не знаю что будетъ дальше.

— Полюбила ли тебя княжна?

— Кажется; сегодня сама вздумала отпустить... фаэтонъ велѣла заложить...

— Вижу, вижу какой ты барыней подкатила; да никакъ кучеръ-то дожидается?

— Дожидается, бабушка, вѣдь часа черезъ полтора я должна возвратиться.

– Постой же, я его угощу хотя пивцомъ или наливочкой, тамъ въ шкафѣ кажется есть.– Матрена!– крикнула она кухарку:– поди-ко снеси кучеру рюмочку вишневки, да закусить чего нибудь поищи, а мы съ тобою потолкуемъ, Таня,– добавила старушка, взявъ свою любимицу за руку и посадивъ рядомъ съ собою на диванѣ.

Таня передавала всѣ подробности жизни въ гимназіи, но о томъ, что классная дама на дѣлѣ оказалась далеко не такой сильной защитницей, какъ обѣщала на словахъ, и о томъ, что княжна вчера обошлась съ нею грубо – умолчала. Бабушка, съ своей стороны, по счастію, слушала только то, что ей разсказывали, и не допытывалась остальныхъ подробностей, хотя, привыкши знать Таню чуть не со дня рожденія, отлично видѣла по ея глазамъ, что она отъ нея что-то утаиваетъ. Разговоръ продолжался неумолкаемо; время летѣло незамѣтно; часовая стрѣлка показывала половину второго.

– Мнѣ пора, не могу дольше оставаться, бабуля,– сказала она и подошла проститься съ бабушкой.

– Господь съ тобою, дитя мое, поѣзжай, иначе начальница можетъ быть недовольна; ты теперь человѣкъ служащій, для котораго аккуратность должна стоять на первомъ планѣ; затѣмъ, Танюша, будь всегда кротка, послушна, предупредительна, но въ то же самое время не скрывай отъ меня, если кто тебя чѣмъ либо огорчитъ или обидитъ, и... никогда не роняй собственнаго достоинства.

Таня, которую слова эти задѣли за живое, вдругъ вмѣсто отвѣта горько заплакала, почти силою вырвалась изъ объятій бабушки, сѣла въ фаэтонъ и отправилась въ обратный путь.

Прошло двѣ недѣли; жизнь дѣвочки текла мирно и однообразно; изрѣдка вырвавъ свободную минутку, она навѣщала бабушку, въ задушевныхъ бесѣдахъ съ которою, болѣе чѣмъ когда нибудь, видѣла для себя отраду; остальное время проводила она съ княжною. Приключались иногда маленькія вспышки, недоразумѣнія, но, благодаря кроткому, уступчивому характеру Тани, все обходилось благополучно до тѣхъ поръ, пока вдругъ однажды случилось слѣдующее, совершенно неожиданное обстоятельство.

Вернувшись въ воскресенье вечеромъ въ гимназію, Таня привезла съ собою деревцо китайской розы, которое ей подарилъ кто-то изъ сосѣдей, и которое она, въ свою очередь, намѣревалась подарить бабушкѣ въ день рожденья, зная, какъ старушка любитъ всѣ цвѣты вообще, а китайскую розу въ особенности. До дня рожденія бабули оставалось еще почти полтора мѣсяца. Таня хотѣла подержать цвѣтокъ у себя, чтобы онъ немного подросъ, и надѣялась, что къ тому времени на немъ распустятся бутоны.

– Вы позволите мнѣ поставить его на одно изъ оконъ нашей комнаты?– спросила она княжну.

Послѣдняя, конечно, согласилась, и небольшой цвѣточный горшечекъ былъ пристроенъ къ мѣсту согласно желанію компаньонки; та собственноручно поливала его, обрѣзывала сухіе листья и съ радостью слѣдила, какъ крошечные бутончики съ каждымъ днемъ дѣлались все больше и больше; наконецъ, до рожденія бабушки осталось меньше недѣли; одна изъ розъ почти совсѣмъ распустилась. Таня была совершенно счастлива, предвидя заранѣе, какую великую радость доставитъ своей старушкѣ, и присѣвъ къ рабочему столу Мери, торопилась докончить вышитое разноцвѣтными шелками по темно-малиновому сукну плато.

– Ну, ужъ замучилъ насъ сегодня учитель математики со своими безконечными задачами,– сказала вдругъ княжна, неожиданно вбѣжавъ въ комнату:– устала до безобразія!– и бросилась на одно изъ креселъ съ видомъ дѣйствительно очень усталаго человѣка.

– Что же это ему вздумалось такъ мучить васъ?

– Право не знаю; такая видно фантазія пришла.

– Чудакъ!

– Ужъ не говорите; а вы что тамъ вышиваете?

– Да все вожусь съ плато; кайма никакъ не выходитъ.

– Бросьте лучше; пойдемъ въ зало бѣгать.

– Нѣтъ, Мери, не могу; вы знаете я тороплюсь кончить это плато ко дню рожденія бабушки.

– Ну, что за пустяки, успѣете.

– Трудно успѣть, времени остается мало.

– Пойдемте,– настаивала княжна,– я хочу, и вы должны повиноваться.

Таня подняла голову, чтобы взглянуть на княжну: ей хотѣлось знать,– шутитъ она, или говоритъ серьезно.

– Что же?– повторила послѣдняя,– вамъ не угодно исполнить мое желаніе?

– Сію минуту,– нехотя отозвалась Таня,– только позвольте по крайней мѣрѣ докончить нитку.

– Ахъ, Какъ это скучно! Ваша бабушка вѣчно стоитъ мнѣ поперекъ дороги.

Замѣчаніе это очень не понравилось Танѣ, но желая скрыть внутреннее волненіе, она постаралась улыбнуться. Это еще болѣе взорвало Мери.

– Не надо, не ходите, кончайте ваше плато. Я вижу, что мама платитъ деньги для того, чтобы вы угождали не мнѣ, а бабушкѣ.

И сильно хлопнувъ дверью, вышла въ корридоръ.

Таня молча опустила на колѣни работу, глаза ея наполнились слезами, щеки поблѣднѣли.

"Не даромъ говорится: нѣтъ розы безъ шиповъ", подумала бѣдная дѣвочка, которой хорошее помѣщеніе, вкусный столъ, частые подарки и жалованье дѣйствительно подъчасъ обходились дорого.

Нѣсколько минутъ она сидѣла задумавшись, сама не зная на что рѣшиться – оставаться ли въ комнатѣ и продолжать работу, или идти къ Мери; послѣднее, однако, показалось болѣе основательнымъ; она поспѣшно убрала вышивку въ рабочую коробку и, стараясь казаться совершенно спокойною, направилась въ рекреаціонное зало, гдѣ Мери гуляла подъ руку съ Надей Леоновой, которая, пораженная неожиданнымъ къ себѣ вниманіемъ маленькой княжны, съ гордостью посматривала на остальныхъ подругъ.

– И къ вашимъ услугамъ,– почтительно сказала Таня, подойдя къ Мери,– вы хотѣли кажется бѣгать? Извольте.

– Да, хотѣла прежде, но теперь не желаю, а ежели и вздумаю, то навѣрное уже не съ вами.

Надя взглянула на покраснѣвшую до ушей Таню; по губамъ ея скользнула насмѣшливая улыбка. Таня замѣтила это; ей сдѣлалось ужасно неловко и въ особенности въ томъ отношеніи, что Надя могла передать обо всемъ дома, а Леоновы, какъ ближніе сосѣди бабушки, конечно сейчасъ же бы поспѣшили сообщить ей и, какъ водится обыкновенно въ подобныхъ случаяхъ, еще съ прибавленіемъ. Оставалось замолчать и отойти въ сторону, на что Таня и рѣшилась; но Мери, хотя отъ природы сама по себѣ не злая дѣвочка, всегда отличалась настойчивымъ характеромъ, не переносила противорѣчія и если что дѣлалось не но ней, то не могла успокоиться до тѣхъ поръ, пока не представлялся случай отомстить какимъ бы то ни было способомъ. Она прыгала, бѣгала, рѣзвилась, но Таня, умѣвшая, за все время своего пребыванія въ гимназіи, изучить до нѣкоторой степени ея характеръ, сейчасъ же поняла, что веселость эта далеко не натуральная, и что за нею непремѣнно кроется какой нибудь недобрый умыселъ; сердце ея билось тревожно, она съ нетерпѣніемъ выжидала удобной минутки, чтобы подойти какъ-нибудь къ Мери, заговорить безъ свидѣтелей и, по примѣру прошлаго раза, первой сдѣлать шагъ къ примиренію; но это, точно на бѣду, никакъ не удавалось: княжна была неразлучна съ Надей до тѣхъ поръ, пока раздался звонокъ, и вся толпа, выстроившись по-парно, поспѣшно направилась въ классы. Таня, какъ утопающій, который въ критическую минуту хватается за соломенку, прибѣгнула къ послѣднему средству;, вставъ около двери классной, она съ волненіемъ выжидала, пока Мери будетъ проходить мимо, чтобы взглядомъ попросить о помилованіи; но Мери не удостоила

43

ее ни малѣйшимъ вниманіемъ и, даже поровнявшись съ дверью, нарочно заговорила съ кѣмъ-то для того, чтобы имѣть предлогъ отвернуться. Таня окончательно упала духомъ; едва сдерживая слезы, она печально склонила голову, молча направилась въ свою комнату и, снова доставъ изъ рабочей коробки недавно сложенную вышивку, принялась за рукодѣлье; но дѣло не спорилось – то шелкъ какъ-то скользилъ и выпадалъ изъ рукъ, то нитки не вдѣвались въ ушко иголки, то наконецъ узоръ становился до того сложнымъ и перепутаннымъ, что бѣдняжка при всемъ желаніи не могла добиться толку, а главное, цѣлая вереница самыхъ мрачныхъ мыслей осаждала ея хорошенькую, бѣлокурую головку... дѣвочка готова была разрыдаться... Часъ урока казался ей невыносимо длиннымъ... Но вотъ, наконецъ въ корридорѣ раздались мѣрные шаги старика Ивана. "Пробирается въ рекреаціонное зало, чтобы взять колокольчикъ и позвонить,– подумала Таня,– слава тебѣ Господи! Можетъ быть Мери придетъ сюда, а нѣтъ, такъ я сама пойду къ ней, и во что бы то ни стало постараюсь объясниться".

Сторожъ тѣмъ временемъ дѣйствительно направлялся въ рекреаціонное зало и, согласно предположенію Тани, позвонилъ въ висѣвшій на стѣнѣ колокольчикъ. Зало моментально наполнилось вбѣжавшими воспитанницами: однѣ, взявшись подъ руки, плавно разгуливали взадъ и впередъ, другія, усѣвшись группою гдѣ-нибудь въ уголку, тихо о чемъ-то перешептывались, третьи бѣгали и скользили по паркету, словно по льду. Съ разряду послѣднихъ принадлежала княжна Мери, которая, по обыкновенію, удаляясь отъ остальныхъ, держала себя совершенно отдѣльно, несмотря на то, что Надя Іеонова не спускала съ нея глазъ и надѣялась, вѣроятно, снова удостоиться счастія обратить на себя вниманіе,– но княжна на этотъ разъ очевидно забыла о ея существованіи, потому что, продѣлавъ нѣсколько глисадъ, прямо побѣжала въ свою комнату.

Заслышавъ издали знакомые шаги, Таня похолодѣла; она и рада была возможности переговорить съ Мери глазъ на глазъ, и въ то же самое время почему-то боялась этого разговора... Но вотъ дверь изящной, розовой комнаты съ шумомъ распахнулась, на порогѣ показалась княжна, какъ всегда веселая, румяная, съ огневыми черными глазами.

– Вы все сидите за работой для своей горячо-любимой бабушки?– проговорила она насмѣшливо.

Таня ничего не отвѣчала.

– Я то же хочу, съ своей стороны, сдѣлать ей маленькій сюрпризъ ко дню рожденія,– продолжала Мери въ томъ же тонѣ,– вамъ это будетъ пріятно, не правда ли?

— Прежде всего, княжна, успокойтесь,— кротко замѣтила Таня,— вы раздражены... выслушайте меня... я должна съ вами объясниться.

Но Мери, не желая слушать никакихъ объясненій, вдругъ поспѣшно подбѣжала къ окну, схватила стоявшій на немъ цвѣточный горшокъ съ китайскою розою, бросила на полъ и принялась безжалостно топтать ногами только что распустившіеся цвѣты, которые, конечно, сейчасъ осыпались... лепестки и листья разлетѣлись во всѣ стороны.

Мери, Мери, Бога ради! что вы дѣлаете!— съ отчаяніемъ вскричала Таня и бросилась спасать остатки почти совершенно изломаннаго цвѣтка.

Мери съ силою оттолкнула ее прочь. Таня расплакалась, между ними началось что-то похожее на драку; обѣ онѣ кричали въ одинъ голосъ, но что — понять было невозможно; по счастію, г. Дубовская, сидѣвшая въ сосѣдней комнатѣ, прибѣжала и своимъ присутствіемъ прекратила ссору. Не разузнавъ хорошенько сущность дѣла, она набросилась на Таню, осыпая ее безконечными упреками и снова грозя на этотъ разъ непремѣнно обо всемъ донести начальницѣ. Всѣ старанія дѣвочки доказать, что она не настолько виновата, какъ кажется съ перваго раза, остались безполезными,— классная дама не хотѣла даже ничего слушать.

— Но подумайте,— сквозь слезы говорила Таня,— не сама же я бросила свой цвѣтокъ на полъ; вѣдь каждый пойметъ, что это княжна сдѣлала.

— Княжна могла уронить нечаянно.

— Потрудитесь спросить, нечаянно ли она его уронила?

Г-жа Дубовская была поставлена въ очень затруднительное положеніе: не спросить она не могла; спросить не хотѣла, боясь подобнымъ вопросомъ скомпрометировать Мери, которая, словно угадавъ ея мысль, сама очень ловко вывернулась изъ бѣды.

— Положимъ, я уронила его не нечаянно,— проговорила она взволнованнымъ голосомъ,— но все-таки вы не имѣли права набрасываться на меня, какъ на дикаго звѣря.

— Конечно, конечно,— подхватила классная дама,— вы, Таня, кругомъ виноваты, будете наказаны, а вамъ, княжна, совѣтую отправиться въ зало, сейчасъ начинается урокъ музыки,— добавила она, желая поскорѣе разлучить дѣвочекъ изъ страха, чтобы онѣ опять не сцѣпились. Мери, очень довольная разбирательствомъ, послѣдовала за г-жей Дубовской въ зало, а Таня, обливаясь горючими слезами, осталась подбирать на полу разбитые осколки глинянаго горшка и разломанный на маленькія частицы стволъ за минуту передъ тѣмъ красиваго розана, который она такъ давно и съ такою нѣжною заботою берегла и лелѣяла.

Подъ вліяніемъ тяжелыхъ думъ дѣвочка не замѣтила, какъ дверь, ведущая въ корридоръ, растворилась и въ комнату вошла горничная.

– Барышня, что вы дѣлаете?– спросила послѣдняя, увидавъ какъ Таня ползаетъ по паркету,– Господи! Вашъ цвѣтокъ разбитъ! Какая досада! Даже мнѣ его жалко, воображаю, каково должно быть вамъ; толкнули вѣрно какъ нибудь?

Таня отрицательно покачала головою.

– Тогда нечаянно уронили?– съ любопытствомъ допрашивала горничная.

– Нѣтъ, Дуняша, ни то, ни другое; княжна, разсердившись, нарочно сбросила...

– Нарочно! Неужели?

– Да.

– Какая же она недобрая; вы бы пожаловались классной дамѣ или начальницѣ.

Таня горько улыбнулась, и молча махнула рукою.

– Позвольте, я подберу землю, не пачкайте платья,– продолжала горничная и отправилась было за половою щеткою, но на половинѣ дороги вдругъ остановилась.

– Ахъ, да, совсѣмъ забыла, вѣдь я сюда шла, чтобы сказать, что къ вамъ отъ бабушки прислана какая-то старушка.

– Старушка? Гдѣ она, кто такая?

– Въ кухнѣ; а кто такая, не знаю, вижу въ первый разъ.

– Я сейчасъ пойду къ ней,– отвѣчала Таня,– вы же тѣмъ временемъ потрудитесь прибрать здѣсь.

И дѣвочка, забывъ на минуту о приключеніи съ китайской розой, пустилась бѣгомъ по длинному корридору; ее очень встревожила мысль, не случилось ли съ бабушкою чего, и не Матрена ли это пришла. Отворивъ дверь кухни, она дѣйствительно увидала передъ собою знакомое лицо старой кухарки.

– Матренушка, здравствуй, что скажешь? Здорова ли бабушка, не случилось ли у насъ чего особеннаго?

– Ничего особеннаго не случилось; бабушка здорова, все благополучно, благодаря Бога.

– Зачѣмъ же ты пришла?

– Письмо вамъ принесла.

– Отъ кого?

– Отъ бабушки; велѣно прямо въ руки отдать и непремѣнно дождаться отвѣта.

Съ этими словами старушка подала запечатанный конвертъ. Таня быстро сорвала печать и прочла слѣдующее:

"Милая Танюша! Нельзя ли попросить, чтобы тебѣ за будущій мѣсяцъ выдали жалованье впередъ; хозяинъ нашего дома непремѣнно требуетъ съ меня двадцать рублей, которые я осталась должна ему еще съ прошлаго года, и грозитъ, въ случаѣ неисполненія его требованія, отказать отъ квартиры. Хотѣла сама придти въ гимназію переговорить обо всемъ, но постоянный мой старческій недугъ, ревматизмъ, даетъ себя чувствовать, и волей-не-волей приковываетъ къ креслу. Потрудись же, Таня, показать это письмо княжнѣ, или самой начальницѣ, у которой кажется хранятся деньги, оставленныя княземъ Курбатовымъ на расходы дочери; въ дополненіе къ моей убѣдительной просьбѣ приложи и свою, потому что деньги въ настоящую минуту мнѣ нужны, какъ говорится, до зарѣзу. Въ надеждѣ скораго свиданья, крѣпко цѣлую тебя; будь здорова и счастлива.

"Твой неизмѣнный другъ, Анна Глинская".

У Тани потемнѣло въ глазахъ: буквы какъ-то запрыгали по бумагѣ, голова закружилась, она должна была схватиться за первый стоявшій близко стулъ, чтобы не упасть. Хозяинъ грозилъ отказать отъ квартиры; бабушкѣ въ такіе преклонные годы, и съ такимъ слабымъ здоровьемъ, придется бѣгать, хлопотать, устраиваться – нѣтъ, это невозможно! А между тѣмъ, идти съ просьбою къ княжнѣ, которая только что сдѣлала ей такую большую непріятность, или къ начальницѣ, которой классная дама навѣрное уже успѣла сообщить обо всемъ случившемся, и сообщить конечно совершенно иначе, тоже было тяжело! Она печально опустила голову и задумалась, а Матрена болтала съ прислугою.

– Что же, барышня, какой отвѣтъ,– сказала наконецъ,

Матрена, замѣтивъ, что Таня окончила чтеніе письма и не двигается съ мѣста.

– Сейчасъ,– отозвалась дѣвочка машинально и, сама не зная куда и зачѣмъ, вышла въ корридоръ.

– Глинская!– вдругъ окликнулъ ее строгій голосъ начальницы:– мнѣ только что передали о вашей ссорѣ съ княжною; это ни на что не похоже! Говорятъ, вы набросились на нее, какъ на дикаго звѣря, за то что она нечаянно столкнула вашъ цвѣтокъ.

– Вамъ невѣрно передали, Наталья Александровна, княжна вовсе не нечаянно столкнула мой цвѣтокъ, а нарочно; я же хотѣла только спасти несчастную розу, которую она топтала ногами, розу эту я намѣрена была подарить бабушкѣ по случаю рожденія...– Въ голосѣ Тани слышалось столько непритворнаго страданія, и столько глубокаго, непроходимаго горя, что Натальѣ Александровнѣ невольно стало жаль ее.

– Если бы и такъ, Глинская,– заговорила она уже гораздо мягче;– зачѣмъ же кричать, сердиться. Вы могли пожаловаться кому нибудь...

сказать мнѣ, наконецъ, я всегда смотрю безпристрастно на всѣхъ моихъ ученицъ, и готова защитить правду передъ кѣмъ бы то ни было.

– Конечно, надо было поступить такъ, какъ вы говорите, но въ минуту отчаянія я сама не помнила и не сознавала что дѣлала... мнѣ только жаль было розана!

– Съ княжны я непремѣнно взыщу за ея неумѣстный порывъ.

– Нѣтъ, ради Бога,– прервала Таня начальницу;– она боялась, что княжна, получивъ изъ-за нея выговоръ, будетъ мстить еще болѣе и придумаетъ какую нибудь новую непріятность.

– Не безпокойтесь, дѣло обставимъ такъ, что на васъ никто не будетъ имѣть претензію... Вамъ же мой искренній совѣтъ – скорѣе помириться съ княжною, иначе она пожалуется матери, та не пожелаетъ оставить васъ здѣсь, выйдетъ цѣлая исторія, придется возвратиться къ бабушкѣ...– "Которая сама можетъ быть не будетъ имѣть пристанища", подумала Таня.

– Вѣдь вы не хотите идти домой, не правда ли?– продолжала Наталья Александровна, дружески взявъ руку маленькой дѣвочки.

– Во всякое другое время я готова была бы вернуться домой очень охотно, но теперь это немыслимо!– и она разразилась громкими рыданіями.

– Что же у васъ дома случилось? Скажите мнѣ откровенно.

Таня продолжала плакать.

– Я не къ тому спрашиваю, чтобы отправить васъ домой, не думайте; мнѣ просто изъ чувства человѣчества, такъ сказать, изъ участія, хочется знать, что у васъ случилось?

– Ахъ, Наталья Александровна, большое несчастіе!

– Несчастіе!.. но что же именно? Говорите скорѣе...

– Таня вмѣсто отвѣта подала только что полученное письмо; начальница прочитала его внимательно.

– Вотъ видите ли, другъ мой, въ виду просьбы бабушки теперь больше, чѣмъ когда нибудь, вы должны отнестись снисходительно къ порыву Мери; вѣрьте, ей самой можетъ быть вдвое непріятнѣе, чѣмъ вамъ, потому что она вовсе не зла, а просто вспыльчива, и къ тому еще очень избалована дома матерью – это причина, по которой самъ князь пожелалъ помѣстить ее сюда.

– Да, я не сержусь, мнѣ только очень жаль моего розана, а главное, не знаю, гдѣ достать для бабушки двадцать рублей, безъ которыхъ, какъ вы сами видите, обойтись она положительно не можетъ.

– Если вы дадите слово не начинать больше ссоры съ княжною, то я сію минуту достану вамъ эти деньги изъ суммы, оставленной мнѣ ея отцомъ.

– Вы можете быть вполнѣ увѣрены, что съ моей стороны никогда не будетъ подано повода не только къ ссорѣ, даже простому недоразумѣнію, но...

– Но что?

– Но, разъ Мери узнаетъ, что я на цѣлый мѣсяцъ впередъ поставлена отъ нея въ зависимость, она будетъ обращаться со мною еще хуже.

– Зачѣмъ же Мери знать это? Я не обязана повѣрять ей всѣ мои дѣйствія, такъ какъ князь передалъ мнѣ на руки нѣсколько сотенъ съ тѣмъ, чтобы распоряжаться ими вполнѣ по моему усмотрѣнію.

– Благодарю васъ, Наталья Александровна, вы милая, добрая, хорошая, но...

– Опять это но...– смѣясь замѣтила начальница, что вы хотите сказать имъ?

– Мнѣ очень тяжело быть обязанной княжнѣ, даже тогда, когда она не будетъ знать объ этомъ.

– Въ такомъ случаѣ я изъ своихъ собственныхъ денегъ прошу васъ принять въ долгъ двадцать рублей.

– А какъ л?е я вамъ возвращу ихъ?

– По прошествіи мѣсяца; получите жалованье и возвратите.

Таня со слезами благодарности бросилась цѣловать руку своей начальницы, но послѣдняя не позволила ей этого сдѣлать, притянула къ себѣ, дружески поцѣловала и, доставъ изъ письменнаго стола деньги, велѣла скорѣе передать ихъ посланной бабушки, а самой возвратиться въ комнату княжны, потому что урокъ долженъ былъ сейчасъ окончиться.

– Постарайтесь встрѣтиться съ Мери, какъ ни въ чемъ не бывало, и все пойдетъ отлично.

Таня еще разъ поблагодарила Наталью Александровну, вложила двѣ десяти-рублевыя бумажки въ конвертъ, заклеила его, сдѣлала надпись и поспѣшно направилась въ кухню.

– Вотъ, Матрена,– сказала она, стараясь скрыть слезы,– передайте бабушкѣ отвѣтъ, и скажите, что въ субботу буду сама, непремѣнно.

– Какъ же, какъ же, матушка, она васъ ждетъ; вѣдь въ воскресенье приходится день ея рожденья.

– Да, я знаю.

– Пирогъ сладкій затѣваемъ; заливное изъ рыбы хотѣла сдѣлать, телятину зажарить... да вотъ какъ явился это, значитъ, хозяинъ-то – добавила она вполголоса,– то бабушка совсѣмъ упала духомъ.

– Ничего, Матренушка, все перемелется – мука будетъ; я посылаю ей то, что она желала; ступай же съ Богомъ домой, обрадуй бабушку.

– До свиданія, дорогая барышня, будьте здоровы.

И Матрена вышла на лѣстницу, а Таня отправилась въ свою комнату, гдѣ застала княжну, сидящую около письменнаго стола; передъ ней лежалъ листъ почтовой бумаги – она что-то писала. Таня помѣстилась около, и согласно полученному совѣту отъ начальницы, принялась за вышиванье какъ ни въ чемъ не бывало. Прошло болѣе получаса; обѣ дѣвочки хранили упорное молчаніе. Наконецъ Мери первая нарушила его.

– Вы не знаете, начальница у себя?– спросила она, очевидно для того, чтобы только что-нибудь сказать.

– Не знаю; если желаете, я могу справиться.

– Благодарю васъ; зачѣмъ вы будете безпокоиться.

– Это не составитъ для меня ни малѣйшаго безпокойства,– отозвалась Таня, и сейчасъ отправилась на половину Натальи Александровны, откуда, по прошествіи самаго непродолжительнаго времени, вернулась съ удовлетворительнымъ отвѣтомъ. Княжна еще разъ поблагодарила свою собесѣдницу и, взявъ въ руки только что написанное письмо, пошла съ нимъ къ начальницѣ.– Это обстоятельство очень заинтересовало Таню; она знала, что Мери терпѣть не можетъ никакихъ письменныхъ работъ даже въ классѣ, и никогда никому не писала писемъ, а тутъ вдругъ ни съ того, ни съ сего, сегодня исключеніе.

"Вѣрно жалоба къ родителямъ, вѣрно просьба уволить меня... очень будетъ непріятно въ виду взятыхъ впередъ денегъ у Натальи Александровны", подумала Таня и облокотилась на столъ. Черезъ нѣсколько минутъ въ корридорѣ снова послышались шаги Мери, которая, войдя въ комнату, снова сѣла на прежнее мѣсто и повела разговоръ о погодѣ, объ урокахъ и прочихъ тому подобныхъ незначительныхъ, мало интересныхъ предметахъ.

Маленькая компаньонка слушала разсѣянно; по тону и манерѣ обращенія княжны не трудно было догадаться, что она болтаетъ всякій вздоръ ради того только, чтобы отклонить могущее произойти объясненіе, чего ей, очевидно, не хотѣлось, такъ какъ въ душѣ она не могла не согласиться въ томъ, что опять была неправа передъ Танею, слѣдовательно, по справедливости, ей оставалось вторично первой сдѣлать шагъ къ примиренію... на что положительно не хватало духу.– Время, какъ имъ казалось обѣимъ, шло необыкновенно медленно; онѣ не знали, какъ скоротать его, и чрезвычайно обрадовались, когда наступила пора ложиться спать, что въ концѣ-концовъ вывело ихъ изъ неловкаго положенія. Съ наступленіемъ слѣдующаго утра имъ уже было гораздо легче; день прошелъ обычнымъ порядкомъ; большая половина его, конечно, принадлежала урокамъ, слѣдовательно Мери оставалась въ классѣ, а Таня могла спокойно продолжать свое плато; въ промежуткахъ онѣ встрѣчались въ рекреаціонномъ залѣ, но на глазахъ у другихъ самая встрѣча и разговоръ не представлялись на столько непріятными.

– Какъ дѣла?– спросила однажды Таню начальница, столкнувшись съ нею въ столовой.

– Какія дѣла, Наталья Александровна?

– Съ княжною помирились?

– Не знаю, какъ вамъ сказать; я слѣдую вашему совѣту и держу себя относительно Мери такъ, какъ будто между нами ничего не было.

– Это самое лучшее, ну а она какъ?

– Ее не поймешь, Наталья Александровна, говоритъ, шутитъ, смѣется, но видно, что все это напускное, и я очень боюсь – не готовитъ ли мнѣ какую-нибудь новую непріятность.

– Зачѣмъ думать такъ, Таня; зачѣмъ раньше времени дѣлать различныя предположенія; княжна вовсе не такая злая, какъ вы полагаете.

– Вы думаете?

– Убѣждена даже.

– Дай Богъ! Я бы очень желала этого, потому что люблю ее всею душою.

– Она васъ точно также.

Таня отрицательно покачала головою.

– Не вѣрите?– улыбнувшись, спросила начальница.

– Хотѣлось бы вѣрить, Наталья Александровна, только трудно.

– Почему?

– Потому, что если мы кого любимъ, то не находимъ удовольствія въ томъ, чтобы дѣлать атому человѣку непріятности, какъ поступаетъ Мери относительно меня.

– Но вѣдь я уже вамъ объяснила разъ, что Мери часто поступаетъ не такъ, какъ бы слѣдовало, потому что она очень избалована дома, гдѣ никто не смѣетъ ей противорѣчить, и что отецъ помѣстилъ ее ко мнѣ нарочно для того, чтобы она исправилась хотя немного. Я, съ своей стороны, прилагаю всѣ старанія къ этому; глазъ-на-глазъ говорю съ ней, многое доказываю; она слушаетъ меня всегда съ большимъ вниманіемъ, и часто даже раскаивается въ своихъ безразсудныхъ выходкахъ, вотъ хотя бы и въ послѣдній разъ... впрочемъ, я не имѣю права выдавать чужіе секреты, если мнѣ ихъ повѣряютъ; скажу только одно, для вашего спокойствія, будьте увѣрены, что Мери вмѣсто того, чтобы сдѣлать что нибудь нехорошее, какъ вы предполагали, скорѣе приготовитъ вамъ пріятный сюрпризъ.

– Неужели, вы не шутите, вы говорите серьезно?– радостно вскричала Таня.

– Совершенно серьезно.

– Княжна не сердится на меня, не собирается мстить; мнѣ не откажутъ отъ должности компаньонки?

– Нѣтъ, нѣтъ, нѣтъ, за это я ручаюсь,– отвѣчала Наталья Александровна и, дружески потрепавъ Таню по плечу, отошла въ сторону.

Время шло обычною чередою; дни проходили за днями – отношенія двухъ маленькихъ дѣвочекъ оставались по-прежнему натянутыми, онѣ и разговаривали, и сидѣли въ одной комнатѣ по цѣлымъ часамъ, но между ними далеко не было того, что прежде – та и другая словно таили что-то другъ отъ друга... словно боялись договориться до чего-то... и дышали свободно только тогда, когда не были вмѣстѣ.

Но вотъ, наконецъ наступила суббота, канунъ рожденія Анны Романовны.

Таня знала, что за княжною послѣ завтрака пріѣдетъ экипажъ, чтобы взять ее въ деревню до воскресенья вечера, какъ обыкновенно дѣлалось и очень была рада возможности, тоже на все это время отправиться къ бабушкѣ.

Плато она уже окончила, завернула въ чистую бумагу, перевязала розовой ленточкой и уложила въ портъ-сакъ, который постоянно брала съ собою, и куда на этотъ разъ, кромѣ всегдашнихъ ночныхъ принадлежностей, т.-е. гребенки, мыла, помады, ночной кофточки, еще намѣревалась какъ нибудь всунуть свое розовое кашемировое платье, составлявшее главную роскошь всего ея туалета, несмотря на то, что порядочно было измято и давно утратило не только прежнюю свѣжесть, но даже первобытный цвѣтъ; тѣмъ не менѣе Таня, зная, что къ бабушкѣ вѣроятно придетъ кто нибудь посторонній въ день рожденья, непремѣнно хотѣла надѣть его. Каково же было удивленіе и вмѣстѣ съ тѣмъ испугъ дѣвочки, когда въ платяномъ шкафу розоваго платья не оказалось

– Господи! Что это такое! Куда дѣвалось мое платье?– повторяла она съ отчаяніемъ и какъ сумасшедшая бѣгала изъ угла въ уголъ.

– Таня, что съ вами?– спросила ее г-жа Дубовская, случайно проходившая мимо открытой двери комнаты княжны,– вы на себя не похожи, скажите, что случилось?

– У меня пропало платье...– едва сдерживая слезы отозвалась Таня

– Перестаньте! Быть не можетъ, кому бы понадобилось ваше платье, и главное, кто посмѣлъ бы вынуть его изъ шкафа?

– Но между тѣмъ его тамъ нѣтъ.

– Поищите хорошенько.

– Вездѣ пересмотрѣла.

– Вѣрно повѣсили куда нибудь назадъ и забыли.

– Да нѣтъ же, нѣтъ,– возражала Таня отворивъ обѣ половинки шкафа, гдѣ заключался весь ея незатѣйливый гардеробъ.

– Я пришлю горничную; она поможетъ вамъ отыскать пропажу.

И классная дама скрылась за дверью, а Таня, не будучи долѣе въ силахъ сдержать давно уже душившія ея слезы, разразилась громкими рыданіями.

Въ залѣ въ эту минуту раздался звонъ колокольчика, означавшій, что классы кончились и воспитанницы могутъ уходить по домамъ. Поднялась суматоха: дѣвочки толпою бросились къ выходной двери, смѣялись, кричали, спѣша другъ передъ другомъ скорѣе выйти въ прихожую; класснымъ дамамъ стоило большого труда водворить порядокъ, особенно среди младшаго отдѣленія. Но Таня этого ничего почти не слышала и не замѣчала; подъ вліяніемъ сильнаго огорченія она не замѣтила даже какъ въ комнату вошла Мери, и только тогда опомнилась, когда та ее окликнула.

– У меня горе, большое горе,– отозвалась Таня на вопросъ княжны что случилось.

– Какое?

– Пропало розовое платье.

Мери какъ-то странно закусила губу и молча отошла къ окну. Таня не могла не замѣтить этого движенія: "еще Наталья Александровна называетъ ее доброю и говоритъ, что она любитъ меня,– подумала дѣвочка,– какая же это доброта, какая любовь... я страдаю, а она, вмѣсто того, чтобы сочувствовать или сказать ласковое слово, какъ-то странно ухмыляется, да молчитъ словно посторонняя".

Но Мери поступила такъ вовсе не изъ желанія показать безучастіе; она давно уже, какъ однажды проговорилась начальница, рѣшила загладить проступокъ свой по поводу изломаннаго въ минуту гнѣва цвѣтка, задумала сдѣлать Танѣ сюрпризъ и отправила къ отцу письмо съ убѣдительною просьбою непремѣнно прислать ей въ эту субботу изъ ихъ оранжерей большую китайскую розу, съ тѣмъ, чтобы Таня могла подарить ее бабушкѣ, а потомъ, кромѣ того еще, зная какъ ея маленькая компаньонка любитъ свое розовое платье, и за неимѣніемъ лучшаго считаетъ самымъ наряднымъ, тихонько сняла его съ вѣшалки и, получивъ позволеніе начальницы, съ горничною послала къ портнихѣ, заказавъ новое, точно такого же цвѣта и фасона. То и другое должно было быть доставлено въ гимназію съ минуты на минуту. И вотъ по этому-то княжна, не желая раньше времени открывать секрета, и смотрѣла задумчиво въ окно, дожидая съ нетерпѣніемъ отцовскій экипажъ и посланнаго отъ портнихи.

Наконецъ вдали на площади показалась давно знакомая четверка вороныхъ лошадей, а съ противоположной стороны, почти одновременно, длинная, бѣлая картонка. Мери со всѣхъ ногъ бросилась въ комнату начальницы.

— Наталья Александровна,— заговорила она скороговоркою,— за мною ѣдутъ лошади, цвѣтокъ вѣроятно стоитъ въ каретѣ, платье тоже несутъ; будьте такъ добры, потребуйте къ себѣ зачѣмъ нибудь Таню; она, бѣдная, въ отчаяніи перерыла весь шкафъ; я безъ нея повѣшу новое платье туда гдѣ висѣло старое, розу поставлю на окно, потомъ позову ее и мы помиримся.

— Съ тѣмъ, чтобы больше никогда не ссориться.

— О, да, конечно; вы такъ часто, такъ много и такъ хорошо говорили мнѣ насколько отвратительно я вела себя прежде, что теперь ничего подобнаго со мною повториться не можетъ.

— Хорошо, я исполню ваше желаніе,— отвѣчала Наталья Александровна и, выйдя вмѣстѣ съ дѣвочкой въ корридоръ, крикнула оттуда Таню.

— Что прикажете?— отозвалась послѣдняя.

— Подите сюда, мнѣ ну ясно поговорить съ вами.

— Сейчасъ.

Таня достала изъ кармана носовой платокъ, на-скоро обтерла слезы, и немедленно направилась въ кабинетъ начальницы.

— Что у васъ случилось?— спросила Наталья Александровна, стараясь казаться совершенно покойною.

— %о-то унесъ мое розовое платье.

— Когда?

— Право не знаю; я уже очень давно не надѣвала его, а сегоцня хотѣла взять съ собою, потому что завтра день рожденья бабушки.

— Но кто же могъ взять его? Это очень странно.

Таня молча плакала.

— Завтра день рожденья вашей бабушки?— снова обратилась начальница къ маленькой дѣвочкѣ, желая подольше продлить разговоръ, чтобы дать время княжнѣ устроить все, согласно раньше задуманнаго плана.

— Да — Будутъ гости?

— Вѣроятно кто-нибудь изъ сосѣдей зайдетъ поздравить; вотъ поэтому-то мнѣ и хотѣлось одѣться получше.

— Но, насколько я помню, ваше розовое платье уже довольно поношено.

Поблѣднѣвшія вслѣдствіе сильнаго волненія щечки Тани покрылись яркимъ румянцемъ.

— Это правда,— сказала она, опустивъ глаза,— но когда нѣтъ ничего лучшаго, то и поношеннымъ приходится дорожить.

— А плато готово? Вы, кажется, торопились кончить его тоже къ этому дню?

– Плато готово, но цвѣтка, которымъ я такъ бы обрадовала бабушку, нѣтъ... и не будетъ,– невольно сорвалось съ языка Тани; при этомъ двѣ слезы, словно двѣ крупныя жемчужины, тихо скатились съ глазъ.

– Не вспоминайте о цвѣткѣ, не надо, прошлаго не воротишь; въ особенности никогда не говорите объ этомъ съ Мери,– я знаю, ей очень тяжело подумать о своемъ дурномъ поступкѣ; да вотъ кажется она сама какъ разъ легка на поминѣ,– добавила Наталья Александровна, заслышавъ шаги княжны.

Мери дѣйствительно входила въ комнату.

– Вы искали въ шкафу розовое платье?– спросила она Таню.

– Да.

– Но вѣдь оно виситъ тамъ на вѣшалкѣ.

– Не можетъ быть, Мери, я сама собственными руками перебирала все.

– А я сама собственными глазами видѣла его тамъ, пойдемте.

Таня сомнительно улыбнулась и не двигалась съ мѣста.

– Пойдемте, говорю вамъ, платье тамъ.

И Мери, взявъ за руку свою компаньонку почти силою вывела ее изъ комнаты начальницы, и притащивъ къ шкафу, молча указала пальчикомъ на новое розовое платье.

Таня не вѣрила глазамъ.

– Господи Боже мой, что такое, да тутъ намѣсто одного платья цѣлыхъ два; это просто бредъ или колдовство какое-то,– проговорила она съ удивленіемъ взглянувъ на Мери, и затѣмъ случайно обернувшись къ окну, замѣтила прелестную китайскую розу, которая вся была покрыта цвѣтами.

– Нѣтъ, со мною положительно начинается горячка,– проговорила она взявшись за голову.

Мери неподвижно стояла у окна; щеки ея сильно разгорѣлись, глаза были полны слезъ, дыханіе казалось прерывисто; она чувствовала, что въ глубинѣ ея дѣтскаго сердечка происходило что-то особенное... такъ хорошо... такъ радостно... такъ отрадно билось оно, какъ еще никогда не бизалось...

– Нѣтъ, Таня, это не колдовство!– проговорила она, сдѣлавъ нѣсколько шаговъ впередъ.

– Тогда какимъ же образомъ очутились здѣсь новое платье и цвѣтокъ?

– Цвѣтокъ по моей просьбѣ присланъ папою изъ нашихъ оранжерей, возьмите его и подарите бабушкѣ, на мѣсто того, который помните... тогда... я со злости испортила... а платье не откажите принять отъ меня въ доказательство, что не сердитесь на мою глупую выходку.

Таня стояла точно громомъ пораженная.

– Вѣдь вы не сердитесь?– допытывалась княжна и крѣпко обняла компаньонку; – простите меня, я передъ вами очень виновата.

Таня не знала, чему приписать такую внезапную перемѣну за минуту передъ тѣмъ гордой, надменной княжны; но сомнѣваться въ искренности послѣдней было невозможно, она бросилась ей на шею и, крѣпко прижавъ къ груди, громко разрыдалась.

– Тысячу тысячъ разъ благодарю васъ, Мери, за себя и въ особенности за бабушку; она будетъ счастлива имѣть такую превосходную розу, это ея излюбленный цвѣтокъ, она давно мечтала пріобрѣсти его откуда нибудь и все не удавалось.

Мери, видя безграничное удовольствіе маленькой дѣвочки, была совершенно довольна и счастлива.

– Таня,– сказала она ласково,– завтра вечеромъ ты не приходи въ гимназію, я сама заѣду за тобою, возвращаясь изъ дома; кстати буду имѣть удовольствіе познакомиться съ твоей бабушкой и лично поздравить ее.

– Вы доставите намъ обѣимъ большую радость, только предупреждаю – бабушка моя живетъ очень скромно.

– Что же изъ этого? Я хочу видѣть вашу бабушку, а не обстановку.

– Поцѣловавшись еще разъ, дѣвочки разстались.

Лихая четверка быстро умчала двухмѣстную карету съ

сидѣвшею въ ней княжною; Таня стояла у окна и провожала глазами до тѣхъ поръ, пока наконецъ она, завернувъ за уголъ, совершенно скрылась изъ вида; тогда дѣвочка пошла въ столовую отыскивать классную даму, чтобы просить прислать завтра утромъ цвѣтокъ на квартиру бабушки.

– Пускай сторожъ Иванъ привезетъ его на извозчикѣ,– добавила Таня, когда г-жа Дубовская дала обѣщаніе исполнить ея просьбу,– бабушка заплатитъ ему.

– Хорошо; будьте покойны, все сдѣлаю какъ слѣдуетъ. Отправляйтесь съ Богомъ домой и похвастайте обновкой; я думаю ни у кого изъ вашихъ знакомыхъ подругъ нѣтъ такого изящнаго платья.

– Да, платье дѣйствительно превосходное.

– Вы его тоже оставите до завтра здѣсь или сейчасъ возьмете?

– Сейчасъ возьму, потому что очень хочется поскорѣе показать бабушкѣ.

Съ этими словами Таня почтительно поклонилась, вышла изъ столовой и, направившись въ комнату княжны, въ нѣсколько минутъ собрала свою поклажу. Сначала она хотѣла нанять извозчика, но потомъ разсчитала, что завтра придется заплатить Ивану за коммиссію, и завязавъ платье просто въ узелокъ, пошла пѣшкомъ.– Бабушка, знавшая приблизительно часъ прихода своей любимицы поджидала дорогую гостью. Лицо ея выражало что-то особенное. Таня сразу замѣтила, что старушка была сильно взволнована; въ глазахъ ея свѣтился словно радостный огонекъ и вмѣстѣ съ тѣмъ виднѣлись слезы.

– Бабуленька, родная, что съ тобою?– спросила дѣвочка, не успѣвъ даже, поздороваться. Не случилось ли какого несчастія?

Старушка прильнула своею сѣдою головою къ груди Тани, и тихо заплакала.

– Не томи меня, говори скорѣе,– упрашивала дѣвочка, чувствуя, что. глядя на бабушку, сама готова расплакаться.

– Дурного ничего не случилось, Таня, будь покойна. Напротивъ, Господь Богъ посылаетъ мнѣ по случаю предстоящаго дня рожденія большую радость!

– Какую, бабуля?

– За нѣсколько минутъ до твоего прихода,– начала Анна Романовна сильно дрожащимъ отъ волненія голосомъ,– почтальонъ принесъ письмо отъ Виктора,

– Отъ папы! Неужели! Значитъ онъ живъ и настолько здоровъ, что могъ даже написать?

– Онъ совершенно здоровъ; уже два мѣсяца состоитъ на службѣ... Кромѣ того, привелъ дѣла свои въ точно такой же порядокъ, какъ они были нѣсколько лѣтъ тому назадъ; и теперь, окончательно устроившись въ Тобольскѣ, выписываетъ насъ обѣихъ немедленно, извѣщая, что одновременно съ письмомъ отправилъ и денежный пакетъ, въ которомъ заключается довольно крупная сумма для нашего путешествія...

Таня жадно слушала рѣчь старушки; она не проронила изъ нея ни одного слова и видимо была поражена неожиданнымъ извѣстіемъ.

– Вотъ письмо, возьми его, прочти сама,– сказала въ заключеніе Анна Романовна, подавая дѣвочкѣ только что распечатанный конвертъ.

Таня присѣла на кожаный диванъ и принялась читать съ большимъ вниманіемъ. По содержанію письма, по слогу и совершенно логичному изложенію мыслей, ясно было видно, что оно написано человѣкомъ здоровымъ, въ доказательство чего служила еще надпись ближайшаго начальника,– слѣдовательно сомнѣваться было невозможно. Чѣмъ дальше читала Таня дорогія строки, тѣмъ сильнѣе и сильнѣе подступали ей къ горлу слезы радости... она была вполнѣ счастлива что папа ея живъ, здоровъ... что она скоро увидитъ его... что бабушкѣ больше не придется терпѣть недостатка, что они будутъ жить всѣ вмѣстѣ и въ полномъ довольствѣ. Машинально сложивъ письмо по старымъ складочкамъ, Таня снова вложила его въ конвертъ и, вставъ на колѣни, начала горячо молиться... бабушка послѣдовала ея примѣру.

Старая Матрена, жившая въ домѣ Анны Романовны болѣе двадцати лѣтъ и, слѣдовательно, успѣвшая вполнѣ заслужить со стороны своей госпожи полную любовь и довѣріе, знала уже о содержаніи письма молодого барина – какъ она называла Виктора – и тоже присоединилась въ молящимся.– Цѣлый вечеръ провели онѣ въ разговорѣ о предстоящемъ путешествіи и о различныхъ распоряженіяхъ, которыя обязательно слѣдовало сдѣлать по этому случаю. Въ промежуткахъ Таня разсказывала свои похожденія, похвастала полученнымъ отъ княжны подаркомъ, и сообщила о намѣреніи ея пріѣхать завтра вечеромъ поздравить бабушку.

– Вотъ-то она удивится, когда я сообщу новость о нашемъ внезапномъ отъѣздѣ!– сказала дѣвочка.

– Да теперь, барышня, вы пожалуй будете не побогаче ли ея самой,– замѣтила Матрена, которая, словно чуя инстинктивно сколько тяжелыхъ минутъ приходилось Танѣ переживать вслѣдствіе капризнаго характера княжны, никогда къ ней не благоволила.

– Кто-то замѣнитъ меня у ней?

– А знаешь что, Таня, предложи ей Надю Леонову,– сказала бабушка: – на-дняхъ я видѣлась съ самимъ Леоновымъ, и онъ сказалъ мнѣ, что Надя всегда бываетъ очень рада и счастлива, когда княжна относится къ ней благосклонно.

– въ самомъ дѣлѣ, бабушка, вы правы, это хорошая мысль; родители Нади люди небогатые – двадцать рублей въ мѣсяцъ имъ всегда пригодятся. Завтра же скажу Мери, пусть она переговоритъ съ княгиней и начальницей.

– Но тебѣ все-таки, другъ мой, пожалуй придется вернуться въ гимназію до тѣхъ поръ, пока вопросъ не разрѣшится.

– Конечно, бабушка, тѣмъ болѣе, что деньги взяты впередъ.

– Но, въ самомъ дѣлѣ, какъ же теперь быть съ деньгами?

– Когда получимъ пакетъ отъ папы, надо будетъ сейчасъ же возвратить Натальѣ Александровны.

– Какъ Натальѣ Александровнѣ?– княжнѣ,– замѣтила бабушка, которая не знала подробностей всего случившагося.

– Я не просила денегъ у Мери,– и Таня, нечаянно проговорившись, должна была волей-неволей сознаться, что между нею и княжной произошло маленькое недоразумѣніе.

– Что же именно она тебѣ сказала или сдѣлала?– Ничего серьезнаго, бабуля, увѣряю тебя.

– Нѣтъ, Таня, ты непремѣнно должна открыть истину, иначе огорчишь меня.

– Хорошо, дорогая; завтра ты узнаешь все, но сегодня не допытывайся,– я ни за что не скажу.

– Почему?

– И на это не могу отвѣтить.

– Въ былое время ты не имѣла секретовъ отъ бабуленьки,– обидчиво замѣтила Анна Романовна.

– Я и теперь ихъ не имѣю.

– Однако, не хочешь быть откровенна...

– Да вѣдь только до завтра, бабуля...– смѣясь отвѣчала Таня и, вспрыгнувъ на колѣни доброй старушки, стала разглаживать рукою ея сѣдые волосы, какъ бывало дѣлывала въ дѣтствѣ.

– Ну сойди, сойди же, этакая право шалунья! Тяжело вѣдь, не маленькая...– отшучивалась бабушка.

Но Таня, вмѣсто того, чтобы сойти, усаживалась еще удобнѣе.

На слѣдующее утро она проснулась очень рано, и тихонько на цыпочкахъ вышла въ кухню, гдѣ Матрена, тоже только что вставшая отъ сна, приготовляла для себя самоваръ.

– Тутъ принесутъ изъ гимназіи цвѣтокъ, который я хочу подарить бабушкѣ, такъ ты дай двугривенный человѣку.

– Хорошо, барышня.

– Бабушка потомъ возвратитъ тебѣ.

– Что это?

– Деньги.

– Не стыдно вамъ даже говорить такіе пустяки; слава тебѣ Господи, не вчера поступила къ бабушкѣ – уже двадцатый годъ служу,– и словоохотливая старуха, очень любившая вспоминать о томъ, какъ она почти двадцать лѣтъ живетъ на одномъ мѣстѣ, начала разсказывать Танѣ давно знакомую исторію.

Въ девять часовъ Анна Романовна встала съ постели, умылась, одѣлась и вышла въ гостиную пить чай. Таня ожидала ее за самоваромъ какъ бывало прежде.

Поздравляю, бабуленька,– обратилась къ ней дѣвочка и нѣжно поцѣловала въ лобъ.– Вотъ тебѣ отъ меня маленькая работа – плато для лампы, а вотъ и еще подарокъ,– добавила она, указывая рукою на прелестную китайскую розу.

– Спасибо, дружокъ, большое спасибо за то и за другое; но за розу въ особенности.

– Я знаю, что ты очень любишь розы, бабушка.

– Гдѣ же ты достала такую прелесть?

– Это длинная исторія, въ которой заключается вчерашній секретъ; сегодня ты его узнаешь и не будешь больше упрекать меня въ скрытности,– и Таня подробно разсказала исторію китайскаго розана,

– Вотъ видите, Анна Романовна,– вмѣшалась въ разговоръ все время молча стоявшая около двери кухарка,– не даромъ я всегда говорила, что не лежало мое сердце къ княжнѣ – злая должно быть дѣвочка; такъ оно и вышло!

Таня хотѣла защитить Марусю, но въ это время въ прихожей раздался звонокъ; полагая, что пришелъ кто-нибудь изъ гостей, она поспѣшила уйти въ спальню, чтобы переодѣться въ розовое платье.– Тревога, однако, оказалась фальшивою – это были не гости, а только поздравительная карточка; гости же пришли около часа. За завтракомъ Анна Романовна торжественно объявила о полученномъ вчера письмѣ. Всѣ были поражены неожиданнымъ извѣстіемъ, считая сына ея давнымъ-давно умершимъ.

– Я хочу предложить княжнѣ взять тебя на мое мѣсто, хочешь?- сказала Таня Надъ Леоновой, которая вмѣстѣ съ отцемъ и матерью тоже присутствовала на завтракѣ.

– О, конечно, дорогая, не только я, но и мама и папа будутъ очень рады, если это устроится.

– Княжна сегодня вечеромъ заѣдетъ за мною сюда, и я скажу непремѣнно.

Надя была, какъ говорится, на седьмомъ небѣ:, уходя домой, она крѣпко поцѣловала Таню, причемъ еще разъ просила не забыть замолвить о ней словечко.

– Будь покойна, съ моей стороны будетъ все сдѣлано,– отвѣчала послѣдняя,– дай Богъ, чтобы только княгиня согласилась; постарайся ей понравиться.

– Итакъ, до завтра; ты вѣдь пріѣдешь съ княжной въ гимназію?

– Обязательно, и пробуду до тѣхъ поръ, пока кто бы то ни было замѣститъ меня.

– Ахъ, еслибъ эта "кто бы то ни была" была я!

– Я тоже искренно желаю этого.

Желаніе Тани, вѣроятно, на самомъ дѣлѣ было искренно, потому что князь и княгиня Курбатовы, узнавъ о неожиданной радости маленькой .компаньонки ихъ дочери, и о томъ, что она въ самомъ непродолжительномъ времени уѣзжаетъ въ Сибирь, снова обратились къ начальницѣ гимназіи съ просьбою рекомендовать кого-нибудь другого, и Наталья Александровна, уже заранѣе предупрежденная Таней, предложила имъ Надю Леонову, которая, представившись княгинѣ, не замедлила вступить въ новую обязанность.

Анна Романовна торопилась отъѣздомъ; въ теченіе двухъ недѣль распродала все свое небольшое имущество, уложила бѣлье, платье и тронулась въ путь. Княжна Мери, прощаясь съ Таней, всплакнула немножко и, крѣпко прижимая ее къ груди, проговорила шепотомъ:

– Не поминайте лихомъ!

Но Таня, отъ природы одаренная добрымъ сердцемъ, не была злопамятна; она часто думала о Мери, часто мысленно переносилась въ гимназію, и припоминая мельчайшія подробности своего пребыванія тамъ, въ изящной комнатѣ княжны, гдѣ подъ-часъ тайкомъ проливала, горючія слезы, только тихо вздыхала и повторяла про себя: "бабуленька правду говоритъ, въ жизни всегда такъ бываетъ, потому что въ цѣломъ мірѣ невозможно найти розу, которая не имѣла бы шиповъ!"

ЦЫГАНКА

На дворѣ стояло очень холодное, морозное утро; снѣгъ валилъ густыми хлопьями и, подгоняемый сильными порывами вѣтра, немилосердно крутился въ воздухѣ.

По довольно многолюднымъ въ обыкновенное время улицамъ небольшого городка Л. теперь совсѣмъ почти не было замѣтно движенія; каждый, кто только могъ, спѣшилъ скорѣе укрыться отъ непогоды; изрѣдка развѣ на-встрѣчу попадался какой нибудь прохожій или проѣзжій, котораго очевидно крайность уже заставляла выйти изъ дому.

— Вотъ такъ погодка!— сказалъ маленькій Петя Ериковъ, сидя у окна столовой, рядомъ со своею сестренкою Лизой.

— Да; каково должно быть тѣмъ, кто не имѣетъ ни теплаго платья, ни теплой комнаты, ни мягкой чистенькой постельки!— отвѣчала Лиза, и глаза ея, при одной мысли о томъ, что есть на свѣтѣ такіе несчастные люди, наполнились слезами.

— То есть какъ, Лиза: нѣтъ ни платья, ни комнаты, ни даже постели? Я тебя не понимаю. Неужели все это возможно?

— О, и еще какъ возможно-то! Говорятъ, случается очень часто. Развѣ ты не видалъ на улицѣ нищихъ? Помнишь вчера, когда мы съ мамой входили въ церковь, ихъ цѣлая толпа стояла на паперти... всѣ они казались такими несчастными, голодными. Мама подала имъ нѣсколько мѣдныхъ грошей, они наперерывъ другъ передъ другомъ протягивали руки и просили милостыню такъ жалобно, такъ жалобно...

— Да, Лиза, твоя правда, они дѣйствительно имѣли очень печальный видъ и, конечно, просили не для удовольствія; а мнѣ вѣдь раньше этого и въ голову не приходило.

— Понятно; неузели они стали бы стоять по цѣлымъ часамъ на улицѣ и протягивать руки безъ особой необходимости.

Между братомъ и сестрою завязался по этому поводу разговоръ, который, по всей вѣроятности, продолжался бы долго, еслибы случайно проходившая мимо оконъ дѣвочка не обратила на себя ихъ вниманія. Дѣвочкѣ, повидимому, было не болѣе восьми лѣтъ; она имѣла чрезвычайно смуглое лицо, обрамленное курчавыми, черными волосами, которые спускались длинными прядями по плечамъ; такіе же черные, огневые глаза горѣли словно два раскаленныхъ угля и придавали ея оригинальному личику какое-то особенное, не то смѣлое, не то назойливое выраженіе. Весь костюмъ состоялъ изъ коротенькой оборванной юбочки, дырявого платка, да стоптанныхъ полусапожекъ.

Бѣдняжка корчилась, ежилась, дрожала отъ холода... она медленно подвигалась впередъ, постукивая ноженками объ занесенный снѣгомъ тротуаръ, и безпрестанно оглядывалась назадъ.

– Мама,– вскричали дѣти въ одинъ голосъ,– посмотри какая несчастная дѣвочка! Она вся посинѣла отъ холода; позволь позвать ее сюда, чтобы обогрѣть и напоить теплымъ чаемъ.

– Что вы, господа,– вмѣшалась горничная Аксюша, которая въ эту самую минуту какъ разъ внесла въ комнату кипящій самоваръ,– вѣдь это цыганка!

– Развѣ цыгане не такіе же люди?– отозвалась Лиза.– Развѣ они наравнѣ съ нами не чувствуютъ холода?

Аксюша хотѣла было возразить, но дѣти осыпали ее упреками въ томъ, что она совсѣмъ не имѣетъ сердца и начали доказывать какъ стыдно и грѣшно относиться съ подобнымъ равнодушіемъ къ несчастію ближняго.

– Вѣдь цыгане извѣстные воры, обманщики,– оправдывалась Аксюша,– съ ними держи ухо востро.– какъ разъ что нибудь стащутъ.

Но Лиза никакъ не соглашалась съ мнѣніемъ Аксюши, а Петя.между тѣмъ, успѣвъ получить разрѣшеніе матери позвать дѣвочку, быстро открылъ форточку, высунулъ въ нее свою маленькую головку, и принялся кричать изо всей силы:!:

– Ей ты; дѣвочка, поди сюда, мы тебѣ дадимъ чаю; поди, поди скорѣе!

Но дѣвочка молча стояла на прежнемъ мѣстѣ спрятавъ окоченѣлыя рученки въ дырявую черную тряпку, замѣнявшую ей передникъ.

– Мамочка, можно мнѣ накинуть пальто и выбѣжать за ворота, чтобы привести ее сюда?– спросилъ Петя.

Мама, въ знакъ согласія, кивнула головой и мальчикъ стремглавъ бросился на улицу.

По прошествіи нѣсколькихъ минутъ, онъ снова возвратился въ комнату таща за собою цыганочку

Поди сюда, поди,– ласково сказала мама и посадила нежданную гостью къ круглому столу, гдѣ былъ накрытъ чай и завтракъ. Дѣвочка, не обращая ни на кого вниманія, принялась кушать съ большимъ аппетитомъ; ея великолѣпные, бѣлые зубки работали усердно.

– Какъ зовутъ тебя, милая крошка?– снова заговорила мама, ласково поглядывая на ея головку.

– Маша,– отозвалась дѣвочка.

Лицо мамы вдругъ покрылось сильной блѣдностью, дѣти тоже какъ-то смутились и потупили глазки: Машей звали ихъ маленькую сестренку, которая, два года тому назадъ, отправившись однажды въ лѣсъ гулять съ няней, пропала безъ вѣсти, и хотя между ея бѣлокурой головкой, блѣднымъ личикомъ и тонкими чертами лица не было ничего общаго со смуглымъ лицомъ черноволосой цыганки, но тѣмъ не менѣе имя Маши пробудило въ нихъ тяжелое воспоминаніе; они нѣсколько минутъ стояли молча, наконецъ Лиза заговорила первая:

– Ты куда шла, Маша?– спросила она маленькую цыганку, едва сдерживая слезы.

– Туда,– отвѣчала Маша лаконически, махнувъ рукою.

– Одна?

– Нѣтъ.

– Съ кѣмъ же.

– Съ отцомъ и съ матерью.

– Гдѣ же они?

– Отецъ остался за городомъ, а мать вмѣстѣ со мною пошла по улицѣ, потомъ завернула въ какой-то домъ, велѣла подождать себя... Я ждала, ждала... она все не возвращалась, ну, я и отправилась дальше, потому что очень озябла стоять на одномъ мѣстѣ.

– Куда же хотѣла ты идти?

– Сама не знаю.

– Мать будетъ искать тебя.

– Не будетъ!– отозвалась Маша и, докончивъ ломоть бѣлаго хлѣба, быстро соскочила со стула, подошла къ этажеркѣ, гдѣ стояли дѣтскія игрушки, и принялась разглядывать ихъ съ любопытствомъ. Лиза и Петя послѣдовали за нею.

– Гдѣ живутъ твои родители?– спросили они ее.

– Нигдѣ.

– Какъ нигдѣ, развѣ это возможно?

– Такъ, нигдѣ,– повторила Маша.

– Но въ такую холодную пору на дворѣ вѣдь холодно.

– Ничего, мы привыкли; вотъ когда былъ маленькій братъ Гришута, то мама за него очень боялась и на ночь всегда завертывала въ отцовскій овчинный тулупъ; а я что?– большая, мнѣ ничего не сдѣлается...

Дѣти взглянули на Машу съ состраданіемъ.

– А все-таки ты должно быть очень озябла,– замѣтилъ Петя, оглядывая ея жалкіе лохмотья,– въ особенности, я думаю ноги. Неужели у тебя нѣтъ башмаковъ покрѣпче?

– Есть,– возразила Маша, и съ гордостію вынула изъ кармана своего дыряваго платья пару разорванныхъ голубыхъ атласныхъ сапожекъ.– Это мнѣ подарила одна барышня на прошлой недѣлѣ, но я берегу ихъ.

Лиза, слушая эти слова, едва удерживалась отъ смѣха, а Петя, не взглянувъ даже на сапожки, снова вступилъ въ разговоръ.– Гдѣ же твой, братишка?– спросилъ онъ, усаживаясь на окно.

– Въ землѣ закопанъ...

64

– Значитъ умеръ?

Маша кивнула головой.

– Давно?

– Нѣтъ, недавно.

Цыганка разсказала дѣтямъ подробно, какъ маленькій братишка, прохворавъ нѣсколько дней, вслѣдствіе сильной простуды, наконецъ умеръ; какъ мать ея плакала, скучала, какъ отецъ самъ смастерилъ изъ досокъ гробикъ, какъ Гришутку одѣли въ чистую бѣлую рубашку и закопали въ землю.

Дѣти слушали съ большимъ вниманіемъ, время летѣло незамѣтно; наступилъ часъ обѣда, на дворѣ уже начало смеркаться, а за Машей никто не приходилъ, но дѣвочка ни разу не вспомнила объ этомъ.

Анна Павловна – такъ звали маму Пети и Лизы – тревожно поглядывала на незванную гостью, рѣшительно не зная, какъ поступить въ случаѣ, если родители послѣдней не явятся вовсе.

– Самое лучшее,– посовѣтовала Аксюша, которой она сообщила свое опасеніе,– дайте ей немного денегъ, хлѣба, и прикажите самой идти отыскивать мать и отца.

– Что ты, Аксюша, развѣ можно выгнать дѣвочку на ночь глядя; да еще въ такую ужасную погоду!.. Она замерзнетъ гдѣ-нибудь подъ заборомъ.

– Такъ какъ же быть, сударыня?

– Придется оставить, пока кто нибудь придетъ за нею.

– Куда же мы ее положимъ? У насъ нѣтъ лишней кровати.

– Найдемъ, не сердись,– замѣтила Анна Павловна и, несмотря на недовольный видъ горничной, принялась вмѣстѣ съ нею устраивать въ Лизиной комнатѣ на диванѣ постель для маленькой цыганки.

– Поди сюда, дружокъ,– сказала она, когда все было готово,– твои глазки уже совсѣмъ смыкаются; ложись спать, ты у насъ ночуешь; маму, вѣроятно, что-нибудь задержало – завтра она придетъ навѣрное.

Маша, которой дѣйствительно давно уже хотѣлось спать, позволила раздѣть себя охотно, и весьма обрадовалась, когда, по приказанію Анны Павловны, Аксюша замѣнила ея грязную рубашку такимъ тонкимъ, чистымъ бѣльемъ, какого она еще никогда не видывала.

– Ахъ, какъ хорошо!– проговорила дѣвочка и живо нырнула подъ одѣяло.

– А Богу-то помолиться не надобно?– строго замѣтила Аксюша.

Маша взглянула вопросительно.

– Встань,– добавила Анна Павловна,– и сейчасъ прочти молитву.– Маша встала съ дивана, подошла къ углу, гдѣ висѣлъ образъ, но смотрѣла на него совершенно безсознательно,– бѣдняжка не знала ни одной молитвы.

– Лиза, прочти ей громко "Отче нашъ!" или "Богородицу", пусть она повторяетъ за тобою,– посовѣтовала мама.

Лиза исполнила приказаніе. Маша довольно отчетливо повторяла каждое слово, перекрестилась, сдѣлала земной поклонъ, снова взобралась на диванъ и, проговоривъ сиплымъ голосомъ: "какъ здѣсь хорошо!" – почти сейчасъ же заснула.

Лиза, между тѣмъ, послѣдовала за мамой въ столовую, гдѣ на большомъ кругломъ столѣ, покрытомъ скатертью, былъ приготовленъ ужинъ для самого Ерикова, который только что вернулся изъ сосѣдней деревни, куда, состоя на службѣ, отправился съ самаго утра по какому-то дѣлу.

Петя сидѣлъ тутъ же и, несмотря на то, что ему давно уже была пора идти спать, разсказывалъ съ оживленіемъ о томъ, какъ они съ Лизой, увидавъ изъ окна маленькую цыганку, которая чуть не замерзла, привели ее сюда, что ее зовутъ Машей, что она спитъ теперь въ Лизиной комнатѣ.

– Все это прекрасно,– отозвался папа, взявшій въ руки газету,– на ночь, конечно, выгнать дѣвочку было нельзя, но завтра утромъ ее слѣдуетъ обязательно отправить въ полицію.

– Какъ, папа, въ полицію, зачѣмъ?

– Затѣмъ, чтобы оттуда доставили родителямъ.

– Не надо, пусть она останется у насъ,– просила Лиза.

– Вы болтаете, ничего не понимая,– строго отозвался отецъ.

Мама сидѣла тутъ же у стола и занималась работой; въ продолженіе всего времени, пока продолжался ужинъ, она не проронила ни одного слова, но затѣмъ, когда Аксюша убрала со стола и дѣти удалились въ свои комнаты, встала съ мѣста, подошла къ креслу мужа, положила руку на его плечо и проговорила тихо, кротко:

– Модестъ, неужели ты въ самомъ дѣлѣ полагаешь бросить на произволъ судьбы несчастнаго ребенка?

– Но, дорогая моя,– отозвался Ериковъ,– согласись сама, что, имѣя собственныхъ дѣтей, невозможно брать съ улицы какого-то цыганенка, воспитывать его вмѣстѣ съ ними... Ты подумай, какой примѣръ будутъ видѣть они, играя съ дѣвочкой, которая всегда была безъ всякаго надзора и, кочуя съ мѣста на мѣсто, видѣла какъ родители ея занимались или воровствомъ, или попрошайничествомъ.

– Зачѣмъ непремѣнно воровствомъ, Модестъ?

– Затѣмъ, что это профессія цыганъ; они не могутъ и не умѣютъ жить иначе.

— Но если бы даже такъ, я вѣдь ни на минуту не оставлю дѣтей однихъ и буду слѣдить за каждымъ шагомъ.

— Нѣтъ, Аня, извини, на этотъ разъ я съ тобою согласиться ни въ какомъ случаѣ не могу; готовъ сдѣлать все для дѣвочки, все, что только ты пожелаешь. Дай ей платье, деньги, словомъ все, все, что находишь нужнымъ и возможнымъ, но оставить у насъ въ домѣ ни за что на свѣтѣ.

Анна Павловна молча сѣла на прежнее мѣсто; Ериковъ взялся за газету; въ комнатѣ наступила тишина; наконецъ пробило одиннадцать; они встали и направились въ свои комнаты.

— Ты не хочешь даже взглянуть на дѣвочку?— снова заговорила Анна Павловна улыбнувшись.

— Нѣтъ, отчего же?!— напротивъ. Тѣмъ болѣе, что завтра утромъ мнѣ придется опять уѣхать довольно рано.

Анна Павловна тихонько открыла дверь комнаты дочери и подвела мужа къ дивану, гдѣ спала, раскинувшись, малень. кая Маша; комната была слабо освѣщена лампадою, при свѣтѣ которой смуглое личико дѣвочки еще рельефнѣе выдавалось на подушкѣ; прекрасные волнистые волосы разсыпались по пухленькой шейкѣ. Маша спала совершенно покойно, спала мирнымъ, безмятежнымъ сномъ, какимъ обыкновенно спятъ маленькія дѣти. Ериковъ невольно залюбовался ею, Анна Павловна это замѣтила.

— Ее тоже зовутъ Машей,— проговорила она шепотомъ, сдѣлавъ удареніе на словѣ тоже и, закрывъ лицо рукою, тихо заплакала.

Когда дѣти проснулись на слѣдующее утро, то первая мысль ихъ была о маленькой цыганкѣ. Лиза, съ разрѣшенія матери, нарядила ее въ одно изъ своихъ старыхъ платьевъ, которое къ ней чрезвычайно шло, проводила въ столовую, посадила къ обѣденному столу и поставила передъ нею цѣлую кружку теплаго молока и большой ломоть бѣлаго хлѣба. Маша по примѣру вчерашняго дня, ни на кого не обращая вниманія, принялась за то и за другое съ большимъ аппетитомъ, такъ что когда Анна Павловна вошла въ столовую, то дѣвочка, не имѣвшая никакого понятія о свѣтскихъ приличіяхъ, даже не тронулась съ мѣста чтобы поздороваться.

— Хорошо ли ты спала?— спросила ее г-жа Ерикова,

Маша утвердительно кивнула головой и впихнувъ въ ротъ огромный кусокъ булки, молча запивала молокомъ.

— Какая ты хорошенькая въ новомъ платьѣ,— сказалъ Петя, оглядывая дѣвочку со всѣхъ сторонъ,— только голова косматая.

— Да это правда,— добавила Лиза,— послѣ завтрака я попрошу Аксинью причесать тебя.

— Не надо, и такъ хорошо,— отозвалась Маша, покончивъ наконецъ съ завтракомъ.

– Какъ не надо? Надо; посмотри какая будешь красавица, сама себя не узнаешь.

Во избѣжаніе дальнѣйшихъ разсужденій, Лиза взяла ее за руку, чтобы сію же минуту отвести къ Аксиньѣ. Аксинья принялась за работу, которая на самомъ дѣлѣ была гораздо труднѣе, чѣмъ казалась съ перваго раза. Волосы Маши были сильно перепутаны; гребень очевидно никогда не прикасался къ нимъ. Аксинья принесла воды, мыла, помады и только при помощи всего этого, по прошествіи по крайней мѣрѣ часа, кое-какъ достигла цѣли; всклоченная голова цыганки приняла приличный видъ, черные, блестящіе волосы лежали въ порядкѣ и придавали смуглому личику еще болѣе миловидности.

– Ну вотъ, такъ-то лучше,– сказала Лиза, подводя дѣвочку къ зеркалу. Маша самодовольно улыбнулась.

– Теперь пойдемъ играть и бѣгать,– предложилъ Петя. Дѣти отправились въ дѣтскую, гдѣ Маша снова принялась разглядывать игрушки.

Чего, чего только тамъ не было: и куклы, и чайная посуда, и экипажи, и лошади, и мебель... Маленькая цыганка, никогда не видавшая на своемъ вѣку такихъ рѣдкостей, приходила положительно въ восторгъ; личико ея разгорѣлось, глазки заблестѣли еще больше, она казалась совершенно счастливою.

– А это что за ящикъ со стеклами и картинками?– спросила Маша, снявъ съ этажерки игрушечную панораму.

– Это называется панорама,– отозвалась Лиза, и хотѣла объяснить какимъ образомъ надо вставлять картинки, какъ вдругъ Маша мгновенно поблѣднѣла, задрожала всѣмъ тѣломъ, бросила на полъ панораму и, забившись въ уголъ за печку, громко расплакалась.

– Что съ тобою?– тревожно спросили дѣти,– чего ты испугалась?

Но Маша вмѣсто отвѣта продолжала плакать еще усиленнѣе, показывая рукою на улицу, посреди которой стояла высокая смуглая цыганка: она смотрѣла на дѣвочку сурово и сжавъ свою жилистую руку въ кулакъ какъ бы угрожала прибить ее. Маша старалась спрятаться глубже за печку, но это не помогло, цыганка ворвалась въ комнату.

– Такъ ты вотъ какими дѣлами ныньче занимаешься, тихонько убѣгаешь отъ родителей и пропадаешь по цѣлымъ днямъ и ночамъ въ чужихъ квартирахъ. Погоди, противное созданіе, задамъ я тебѣ ходу.– Глаза цыганки засверкали дико, она схватила Машу за руку и вытащила изъ-за печки..

– Оставь ее, Бога ради оставь,– послышался голосъ Анны Павловны, которая, услыхавъ какой-то шумъ въ дѣтской, тоже прибѣжала.– дѣвочка ни въ чемъ не виновата.

– Какъ не виновата? Кто позволилъ ей уходить отъ отца и матери, и бѣгать одной по улицамъ?

– Но я долго, долго ожидала тебя,– нерѣшительно заговорила наконецъ Маша,– а ты все не показывалась.

– Задамъ я тебѣ "долго ожидала", важная какая барыня! Скажите пожалуйста!

Цыганка уже подняла руку, чтобы ударить несчастную Машу, какъ вдругъ дверь сосѣдней комнаты снова отворилась и на порогѣ показался самъ Ериковъ.

– Оставь,– сказалъ онъ строго:– скажи мнѣ прежде – это твой ребенокъ?

– Да.

– Почему же ты вчера не пришла за нимъ?

– Потому что было некогда...

– Неправда, неправда, я вовсе не твоя, а папина,– кричала между тѣмъ Маша, которая, увидавъ въ лицѣ Ерикова защитника, сдѣлалась гораздо смѣлѣе.

– Что значатъ слова дѣвочки 'я не твоя, а папина",– снова обратился Ериковъ къ цыганкѣ, которая въ короткихъ словахъ объяснила, что она была второю женою отца Маши, слѣдовательно ея мачихою, что они расположились теперь таборомъ на окраинѣ города, и что когда вчера пришли сюда для того, чтобы по обыкновенію просить милостыню, то Маша убѣжала.

– Неправда,– снова заговорила Маша,– вовсе я не убѣжала.

– Молчи!– крикнула цыганка, топнувъ ногой, и продолжала рѣчь о томъ, какъ Никифоръ, т.-е. отецъ Маши, узнавъ о пропажѣ дѣвочки, чуть-чуть не прибилъ ее до смерти, за то, что она не умѣла усмотрѣть за нею,– сама-то ты не стоишь, чтобы изъ-за тебя терпѣть срамъ да непріятности,– добавила молодая женщина, обратившись къ падчерицѣ,– ну, да за мной не пропадетъ!

Маша горько заплакала.

Всѣ смотрѣли на нее съ состраданіемъ; Лиза едва сдерживала слезы, а маленькій Петя подошелъ къ матери и, вскарабкавшись на стулъ, нашептывалъ:

– Нельзя ли устроить такъ, чтобы Маша отъ насъ не уходила; ей должно быть очень дурно жить вмѣстѣ съ такой нехорошей, злой мачихой, которая не только постоянно бранится, но даже здѣсь, въ чужомъ домѣ хотѣла ударить ее.– Анна Павловна опустила глаза внизъ; сердце ея разрывалось на части; она отлично понимала, насколько тяжела жизнь Маши, всей душой рвалась помочь ей, но вмѣстѣ съ тѣмъ, зная настойчивый характеръ мужа, вполнѣ была убѣждена, что всякая новая попытка вторично просить его согласія оставить дѣвочку, будетъ безуспѣшна.

— Ну, идемъ теперь,— сказала цыганка, грубо дернувъ Машу за руку,— намъ давно пора возвратиться въ таборъ; ей ты, змѣенышъ, надѣвай кацавейку.

Маша молча повиновалась; она уже не плакала больше, но губки ея задрожали какъ-то нервно, и смуглое, миловидное личико выражало столько горя, столько муки, столько истиннаго, непритворнаго страданія, что всѣмъ сдѣлалось жутко...

— Послушай,— раздался вдругъ голосъ Ерикова,— оставь намъ дѣвочку, пусть она живетъ у насъ...

Анна Павловна крѣпко съ благодарностью пожала руку мужа; Лиза и Петя бросились обнимать его... Маша стояла словно громомъ пораженная.

— Оставить дѣвочку у васъ?— переспросила цыганка:— я готова съ большимъ удовольствіемъ, но рѣшить безъ позволенія отца не смѣю.

— Такъ приведи его сюда, я переговорю съ нимъ.

— Хорошо, только боюсь, чтобы онъ опять не принялся бить меня, когда увидитъ, что я возвращаюсь одна.

— Нѣтъ, за что же? Ты объяснишь, что Маша осталась здѣсь по нашей просьбѣ.

— Хорошо,— снова повторила цыганка и поспѣшно выбѣжала на улицу.

— Вѣдь ты не прочь остаться у насъ, черноокая?— спросилъ Ериковъ, ласково притянувъ къ себѣ дѣвочку.

— О, конечно, здѣсь такъ тепло, чисто, никто не станетъ ни бранить, ни бить меня, одно только...— и на глазахъ Маши заблестѣли слезы.

— Что... что?..— допытывались дѣти.

— Папу жалко; да, впрочемъ, это не бѣда; — я и дома его мало видѣла, онъ всегда или чѣмъ-нибудь занятъ, или торгуетъ лошадьми.

— Какъ ты думаешь, согласится онъ?

— Думаю, что согласится; для него много значитъ не кормить и не одѣвать меня; вѣдь мы, цыгане, очень бѣдные, все равно, что нищіе.

— А если не согласится?

— Тогда придется жить по старому,— отвѣчала Маша упавшимъ голосомъ, и сѣла на окно, чтобы легче и скорѣе увидать отца, который дѣйствительно не заставилъ долго ожидать себя.

Никифоръ былъ красивый мужчина, съ точно такими же черными, огневыми глазами, какъ у Маши; лицо его было смугло и тоже отличалось чрезвычайною симпатичностью. Онъ почтительно поклонился Аннѣ Павловнѣ, мужу ея и дѣтямъ, погладилъ Машу по головкѣ и послѣдовалъ за Ериковымъ въ кабинетъ. Разговоръ между ними продолжался довольно долго; что было говорено, дѣти не могли разслышать, но въ концѣ-концовъ въ результатѣ получилось, что Маша осталась жить со своими маленькими друзьями.

***

Анна Павловна опредѣлила Машу въ младшіе классы той самой гимназіи, гдѣ воспитывалась Лиза. сама водила на уроки, слѣдила затѣмъ, чтобы она аккуратно приготовляла уроки, училась вязать, шить, штопать; но къ сожалѣнію Маша не выказывала особеннаго прилежанія, ни относительно ученья, ни относительно рукодѣлья; зато ежели дѣло касалось какихъ нибудь домашнихъ работъ, то дѣвочка всегда являлась отличною помощницею и всѣ, кто только зналъ, очень любили ее; одна Аксинья никакъ еще не могла примириться съ мыслью, что косматый цыганенокъ – какъ она называла Машу – навсегда поселилась у ея господъ, но тѣмъ не менѣе соглашалась въ душѣ, что этотъ самый косматый цыганенокъ подчасъ бываетъ очень полезенъ. Лиза и Петя боготворили дѣвочку, и всякое удовольствіе казалось имъ неполнымъ, если Маша по чему нибудь не могла брать въ немъ участія.

– Какъ хорошо будетъ, Маша, когда наступитъ лѣтняя пора! Станемъ гулять, ходить въ лѣсъ за грибами и ягодами,– сказала однажды Лиза.

– О, да; только бы скорѣе дождаться этой поры – зима мнѣ ужасно надоѣла.

– И мнѣ тоже; во что дѣлать, надо имѣть терпѣніе!– Дни смѣнялись днями, недѣли – недѣлями, и вотъ, наконецъ, длинные зимніе мѣсяцы, сопровождаемые постоянными вьюгами да морозами, миновали. Наступило такъ давно и съ такимъ нетерпѣніемъ ожидаемое лѣто; дѣти были совершенно счастливы, въ особенности Маша, которой давно уже хотѣлось побѣгать на свободѣ, какъ бывало дѣлывала она., живя въ таборѣ. Съ наступленіемъ первыхъ теплыхъ дней Ериковы перебрались въ свое помѣстье, лежащее въ нѣсколькихъ верстахъ отъ города, и Анна Павловна разрѣшила нашимъ тремъ маленькимъ друзьямъ не заниматься науками въ продолженіе цѣлыхъ двухъ недѣль. Съ утра до вечера бѣгали они по саду, рвали цвѣты, ходили въ сосѣдній лѣсокъ за грибами и ягодами,– словомъ, дѣлали все, что только имъ хотѣлось. Петя очень любилъ удить рыбу; Лиза находила особенное удовольствіе читать, сидя гдѣ-нибудь на травѣ подъ деревомъ, а для Маши не было высшаго наслажденія какъ забраться въ самую густую чащу сада и пѣть свои удалыя цыганскія пѣсни. Собравшись какъ-то втроемъ на лужайкѣ, стали они толковать о томъ, что

71

не худо бы было предпринять прогулку подальше, въ обществѣ знакомыхъ.

— А вотъ что,— сказала Лиза,— попросимъ маму пригласить кого-нибудь изъ сосѣдей, да отправимтесь цѣлою компаніей, сначала кататься по озеру, а потомъ пить чай въ сосновую рощу, которая находится на противоположномъ берегу.

— Въ самомъ дѣлѣ, какая прекрасная мысль! Пойдемъ, пойдемъ сейчасъ же...

И дѣти стремглавъ побѣжали въ комнату матери.

— Хорошо, друзья мои,— отозвалась послѣдняя, выслушавъ ихъ просьбу, это можно устроить не далѣе, какъ послѣзавтра, по случаю твоего рожденья, Петя, конечно, если только ты самъ желаешь?— добавила она шутя.

— Безъ сомнѣнія, мамочка, желаю,— отвѣчалъ мальчикъ, ласкаясь къ матери.

— А можетъ быть нѣтъ,— добавилъ сидѣвшій тутъ же отецъ,— можетъ быть тебѣ гораздо пріятнѣе было бы провести этотъ день одному, безъ товарищей и за какимъ-нибудь урокомъ?

Петя громко расхохотался, перескочилъ съ колѣнъ матери къ отцу, крѣпко схватилъ за шею. поцѣловалъ и снова выбѣжалъ изъ комнаты.

Начались приготовленія. Дѣти долго толковали, что именно необходимо взять съ собою; при этомъ, конечно, не обошлось безъ продолжительныхъ разговоровъ, спора и разсужденій; каждый на перебой другъ противъ друга старался высказать свое мнѣніе; маленькій виновникъ торжества не одинъ разъ даже принимался плакать въ виду того, что дѣвочки, не обращая вниманія на его слова, почти уже рѣшили многіе вопросы между собою, но тѣмъ не менѣе все обошлось благополучно; пригласительныя письма къ сосѣдямъ были разосланы, масса сладкихъ пирожковъ и прочаго угощенья своевременно приготовлялось на кухнѣ; Маша взяла на себя трудъ аккуратно уложить корзинки, Лиза помогала ей, Петя суетился тутъ же, повторяя безпрестанно: "скорѣе бы собрались гости, чтобы намъ пораньше тронуться". Но вотъ, наконецъ, блаженная минута наступила: Коля, Ваня и Сережа, сыновья одного изъ товарищей папы, жившихъ неподалеку, пріѣхали къ завтраку; за ними явились двѣ подруги Лизы, дочери тоже сосѣдняго помѣщика, и маленькая публика, въ сопровожденіи Анны Павловны, направилась къ озеру.

— Папочка, а ты развѣ не поѣдешь съ нами кататься?— спросилъ Петя, замѣтивъ, что отецъ, вмѣсто того чтобы спуститься къ пристани, повернулъ на-лѣво.

– Нѣтъ, дружокъ, мнѣ некогда, я буду заочно радоваться вашей радости, а когда вы вернетесь домой, то подробно разскажете, какъ провели время. До свиданія, желаю всего лучшаго.

Шумная ватага дѣтей весело бѣжала къ берегу; мальчики первые прыгнули въ лодку и взялись за весла, дѣвочки послѣдовали за ними, лакей поставилъ корзинку, Анна Павловна расположилась тутъ же и лодка отчалила отъ берега. Плавно покачивалась она на гладкой, зеркальной поверхности озера; гребцы работали усердно, вмѣстѣ съ ними гребла и Маша; большіе черные глаза ея горѣли своимъ обычнымъ огнемъ, она ловко управляла веслами, поворачивая то вправо, то влѣво и скользила между камышами, да отмелями... Прогулка продолжалась довольно долго. Наконецъ Анна Павловна велѣла причалить къ берегу, путешественники высадились, и вотъ тутъ-то началось главное веселье. Чего, чего только не придумывали, чего не выдѣлывали: играли въ кошку-мышку, въ горѣлки, бѣгали въ-запуски... потомъ, когда жара немного спала, расположились на травѣ чай пить. Лизѣ поручили хозяйничать, и она исполнила данное ей порученіе отлично; къ чаю были приготовлены сладкіе крендельки, пирожное. Дѣти, утомившись продолжительной прогулкой, кушали съ большимъ аппетитомъ, безъ умолку болтали о разныхъ разностяхъ и затѣмъ, съ разрѣшенія матери, передъ отъѣздомъ въ обратный путь, снова разбрелись по разнымъ направленіямъ лѣса, на поиски за грибами и ягодами. Въ лѣсу было хорошо, свѣжо, прохладно; высокіе зеленые деревья стояли неподвижно; мохъ, на который ступали маленькія ножки, казался необыкновенно мягкимъ; кустарники порою дѣлались до того густы, что между ними становилось трудно пробираться, а это именно и нравилось дѣтямъ; они, совершенно незамѣтно для самихъ себя, весело перепрыгивая съ кочки на кочку, уходили все дальше и, чтобы не заблудиться, безпрестанно перекликивались. Анна Павловна, съ книгою въ рукахъ, осталась ожидать веселую компанію около самовара; горничная тутъ же перемывала посуду и убирала ее въ корзину. Кругомъ все было тихо, покойно; наконецъ наступила пора отправляться. По сдѣланному заранѣе условію, Анна Павловна достала изъ кармана свистокъ и дала дѣтямъ сигналъ въ отвѣтъ на который изъ лѣсу немедленно послышалось громкое "ау!", а затѣмъ, мало-по-малу, начала собираться публика.

– Пожалуй, можно тронуться, если вся моя компанія на-лицо,– сказала она шутя.

– Маши нѣтъ,– тревожно отвѣчала Лиза.

– Гдѣ же она?

– Не знаю; я раза два-три звала, но она не откликалась.

– Въ такомъ случаѣ подождемъ немного,– она, по всей вѣроятности, скоро вернется.

Дѣти присѣли на траву; на раскраснѣвшихся личикахъ ихъ выражалось сильное утомленіе.

– Маша! Маша!– безпрестанно кричали они въ голосъ; но Маша не откликалась, а на дворѣ уже стало смеркаться. Анна Павловна, видимо встревоженная, сама нѣсколько разъ вставала съ мѣста, входила въ лѣсъ, кричала. Петя завладѣлъ свисткомъ и со слезами на глазахъ бѣгалъ сзади. Лиза тихо всхлипывала; остальная компанія печально опустила головы. Такимъ образомъ прошло около часа.

– Ну, дѣти, дѣлать нечего,– сказала Анна Павловна: – тронемтесь.

– Какъ мама, что ты, Господь съ тобою, развѣ можно уѣхать домой безъ Маши, развѣ можно оставить ее одну въ лѣсу? Вѣдь здѣсь навѣрное бѣгаютъ волки!

– Вы видите, что при всемъ стараніи напасть на слѣдъ ея мы не можемъ, а потому мнѣ кажется будетъ гораздо лучше, если сообщимъ обо всемъ папѣ, и онъ немедленно пошлетъ нѣсколько человѣкъ верховыхъ, которые навѣрное гораздо скорѣе достигнутъ цѣли. Не думайте, чтобы съ нею случилось что нибудь особенно дурное,– волковъ здѣсь нѣтъ, медвѣдей тоже; просто она, должно быть, заблудилась.

Говоря это, Анна Павловна старалась казаться какъ можно покойнѣе, но въ душѣ сильно тревожилась; да и въ самомъ дѣлѣ, неожиданное исчезновеніе Маши казалось чрезвычайно страннымъ.

***

Само собой разумѣется, что по возвращеніи домой дѣти и взрослые долго не могли сомкнуть глазъ отъ безпокойства; прислушиваясь къ малѣйшему шороху, въ ожиданіи что вотъ-вотъ наконецъ посланные пріѣдутъ обратно и привезутъ Машу; только къ утру, когда на дворѣ сдѣлалось уже совершенно свѣтло, физическая усталость взяла верхъ – Лиза и Петя заснули; заснулъ самъ Ериковъ, задремала и Анна Павловна, которая въ продолженіе всего времени, не раздѣваясь, безпрестанно выходила на балконъ. Но не успѣла послѣдняя пролежать покойно и получаса, какъ въ сѣняхъ послышались чьи-то шаги; быстро вскочила она съ кровати, накинула платокъ и стремглавъ побѣжала къ двери, у которой, вся промокшая насквозь отъ сильнаго дождя, шедшаго въ продолженіе цѣлой ночи, стояла Маша съ блѣднымъ, измученнымъ лицомъ и опухшими отъ слезъ глазами.

– Анна Павловна, дорогая моя!– проговорила дѣвочка, рыдая,– вы простите меня... не прогоните... я передъ вами очень, очень виновата...

74

– Иди скорѣе, Маша, или ради Бога... Но въ какомъ ты ужасномъ видѣ! вся дрожишь... тебѣ холодно...

Добрая женщина сію же минуту ввела маленькую цыганку въ комнату; сама сняла съ нея мокрое бѣлье и платье, уложила въ кровать, принесла спиртовую машинку, согрѣла чаю и начала разспрашивать что съ нею случилось; но Маша, уткнувшись лицомъ въ подушку, продолжала плакать.

Успокойся,– сказала тогда Анна Павловна,– засни, а потомъ, когда отдохнешь, разскажи намъ свои похожденія,– и вышла изъ комнаты. Въ домѣ, между тѣмъ, началось мало-по-малу обычное движеніе; сначала встала прислуга, принялась за уборку комнатъ, затѣмъ вскорѣ и дѣти поднялись. Услышавъ о возвращеніи Маши, они въ первую минуту даже не хотѣли вѣрить, полагая, что имъ говорятъ это только въ утѣшеніе; но когда Анна Павловна тихонько ввела ихъ въ кабинетъ, гдѣ Маша спала крѣпкимъ сномъ на мягкомъ бархатномъ диванѣ, то окончательно успокоились и только ожидали съ нетерпѣніемъ появленія дѣвочки въ столовой, чтобы узнать интересныя подробности ея продолжительной прогулки. Но Маша, какъ на зло, медлила выходить.

– Наконецъ-то, наконецъ!– вскричала Лиза, когда дѣвочка показалась въ дверяхъ: – мы давно уже тебя дожидаемся, ты должна разсказать намъ все, что съ тобою случилось.– Маша опустила глаза и молча остановилась около стула Анны Павловны.

– Говори, Маша, не бойся,– сказала послѣдняя: – ты вѣрно зашла слишкомъ далеко въ лѣсъ и заблудилась; такъ вѣдь, неправда ли?

– Такъ; но только не совсѣмъ, Анна Павловна; я дѣйствительно зашла въ лѣсъ, зашла очень, очень далеко; но вовсе не. потому, чтобы заблудилась.

– А почему же?

– Потому что... потому что...

И Маша, закрывъ лицо руками, громко зарыдала.

– Говори, Машута, не бойся!– успокаивали ее дѣти.

– Потому что я... хотѣла убѣжать!

– Убѣжать!– испуганно повторила Анна Павловна: – убѣжать отъ насъ! Развѣ тебѣ здѣсь худо? Это нибудь тебя обижаетъ?

– Нѣтъ...

– Тогда зачѣмъ же?

Маша по - прежнему продолжала плакать и ничего не отвѣчала.

– Говори, Маша,– сказала Анна Павловна серьезно:– я хочу, я должна знать правду.

– Да вотъ, видите ли,– начала Маша, захлебываясь отъ волненія: – вчера, во время прогулки, одинъ изъ товарищей Петиныхъ, Коля

Зарницынъ, все время надо мною подтрунивалъ, увѣрялъ, что цыгане самый гадкій народъ, какой только есть на свѣтѣ, что всѣ они воры... мошенники... Я старалась отмалчиваться и отходила отъ него, но когда послѣ чаю мы отправились въ лѣсъ за ягодами, то совершенно случайно и нечаянно услышала, что онъ то же самое повторяетъ Петѣ, и при этомъ еще говоритъ, будто мое присутствіе здѣсь всѣмъ вашимъ знакомымъ кажется страннымъ, что многіе даже осуждаютъ васъ за то, что вы рѣшились принять въ домъ какого-то цыганенка, который никогда не можетъ быть товарищемъ ни ему, ни Лизѣ... что я гадкая, черная, противная дѣвчонка, что ко мнѣ непріятно даже прикоснуться, и вообще много чего въ этакомъ родѣ. Петя старался защитить меня, но онъ продолжалъ говорить свое. Я начала раздумывать, и такъ, знаете, грустно, больно и обидно стало на душѣ, вспомнился папа, вспомнилась жизнь въ таборѣ, какъ бывало иногда по вечерамъ, въ лѣтнюю пору, наши цыгане собирались около костра чтобы плясать и пѣть пѣсни; какъ онъ бралъ меня къ себѣ на колѣни, ласкалъ, голубилъ; кормилъ гостинцами, какъ бранилъ мачиху, когда она ворчала и всегда говорилъ ей при этомъ: "не смѣть трогать Машу, я никому не позволю обижать ее"; взглянула кругомъ – все такъ хорошо, тихо, покойно, птички поютъ... я пошла себѣ все впередъ да впередъ, перепрыгивая съ кочки на кочку; захотѣлось мнѣ башмаки снять и пробѣжаться босикомъ, какъ бывало бѣгала прежде, когда еще не жила у васъ; сняла ихъ, засунула за поясъ и пустилась дальше; на ходу затянула мою любимую цыганскую пѣсенку... тутъ опять припомнились слова Коли, и опять стало тоскливо... если въ самомъ дѣлѣ я такая гадкая, что ко мнѣ прикоснуться даже противно, то не лучше ли убѣжать обратно въ таборъ, гдѣ остальные люди тоже черные, гдѣ никто не будетъ смѣяться надо мною, называть косматымъ пуделемъ... "да, да, это самое лучшее", мысленно рѣшила я, и побѣжала впередъ танъ скоро, какъ только могла; долго, долго бѣжала по лѣсу, наконецъ притомилась, сѣла отдохнуть, а тутъ "вдругъ дождикъ началъ накрапывать; надѣну, думаю, башмаки, холодно становится"; опустила руку за поясъ, а башмаковъ-то и нѣтъ... дождикъ же съ каждой минутой становился все сильнѣе, въ лѣсу начало темнѣть; деревья казались мнѣ такими страшными... я заплакала, соскочила съ мѣста и бросилась дальше; но чѣмъ дальше шла въ лѣсъ, тѣмъ страшнѣе становилось, особенно, когда поднялся вѣтеръ, деревья съ шумомъ зашатались вправо и влѣво, и наводили на меня такой ужасъ, что я, не помня себя, заткнула уши и спряталась въ кусты. Долго ли оставалась тамъ, не могу сказать, но знаю одно, что когда вашъ посланный догналъ меня, то на дворѣ было совершенно свѣтло...

— И ты не рада была Маша, что тебя догнали; тебѣ не хотѣлось возвращаться къ намъ?— спросила Лиза взволнованнымъ голосомъ.

— Нѣтъ, Лиза, я уже почти начала раскаяваться зачѣмъ убѣжала, мнѣ страшно было подумать, что злая мачиха опять примется колотить меня, тяжело вспомнить, что не увижу больше никогда тебя, Петю, вашихъ родителей...— Говоря это, маленькая цыганочка заплакала.

— Не плачь,— остановила ее Анна Павловна,— забудь слова Коли Зарницына, онъ глупый взбалмочный мальчикъ, который самъ не знаетъ что говоритъ; ничего подобнаго никогда не было и быть не можетъ; мы тебя очень любимъ,— ты должна считать нашъ домъ своимъ собственнымъ.

Маша крѣпко поцѣловала руку своей благодѣтельницы и, какъ казалось, мало-по-малу совершенно успокоилась, ожидая съ большимъ нетерпѣніемъ конца лѣта, потому что съ переѣздомъ въ городъ на зимнія квартиры, встрѣчи ея съ Колей Зарницынымъ должны были прекратиться, а до тѣхъ поръ всячески старалась избѣгать его, и какъ только онъ являлся къ Петѣ, сейчасъ же, подъ предлогомъ головной боли, уходила въ свою комнату и запиралась на ключъ вплоть до самаго вечера.

Въ одинъ изъ подобныхъ пріѣздовъ, когда Машѣ почему-то сдѣлалось особенно тоскливо, и когда она, по обыкновенію забравшись въ мезонинъ, молча прогуливалась тамъ изъ угла въ уголъ, раздался сильный лай дворовой собаки.

— Что бы это значило?— сказала сама себѣ дѣвочка.— Діанка никогда не лаетъ такъ громко безъ причины,— И, вставъ съ мѣста, подошла къ окну.

— Кого я вижу!— вскричала она всплеснувъ руками: — вѣдь это папа!

Быстро спустилась дѣвочка съ лѣстницы и бросилась навстрѣчу къ высокому смуглому человѣку, одѣтому въ синій суконный кафтанъ, высокіе смазные сапоги и овчинную шапку.

— Папа, голубчикъ, неужели это ты?

— Да, Маша, это я,— отвѣчалъ цыганъ, крѣпко цѣлуя Машу,— я, моя дорогая, пришелъ взглянуть на тебя. Очень ужъ грустно стало, Машута, такъ долго ничего не знать о тебѣ. Но какъ ты выросла, пополнѣла, какая нарядная, настоящая барышня... отъ прежней Маши и тѣни не осталось; развѣ только одна косматая головка, да смуглое личико...

При словѣ косматая головка, Машѣ невольно припомнились слова Коли, она еще крѣпче прижалась къ отцу и горько, горько заплакала.

— Ты плачешь, тебѣ худо можетъ быть жить здѣсь въ барскихъ хоромахъ? Любятъ, ли тебя, моя радость, берегутъ ли, не смѣются ли? Вѣдь на нашего брата, цыгана, господа порою смотрятъ Богъ знаетъ какими глазами, насъ даже и за людей не считаютъ, въ комнаты пустить боятся — "стащутъ-молъ что нибудь, воры вѣдь, обманщики"... Скажи мнѣ,

Маша, скажи всю правду, можетъ оттого и сердце мое такъ тосковало, что чуяло недоброе?

Слова эти еще больше растравили рану дѣвочки, но она не хотѣла огорчить отца и, едва сдерживая рыданіе, проговорила вполголоса.

— Нѣтъ, папа, мнѣ здѣсь хорошо, меня всѣ любятъ, берегутъ, я плачу вовсе не отъ тоски...

— А отчего же, дочка?

— Отъ радости, что увидѣла тебя.

Цыганъ нѣжно обнялъ Машу, и взявъ ея маленькія ручки въ свою жилистую, загорѣлую руку, покрылъ безчисленными поцѣлуями. Увлеченная неожиданнымъ счастіемъ, Маша въ первую минуту не замѣтила, что Петя и Коля, проходя по двору, могли не только видѣть ея свиданіе съ отцомъ, но даже слышать разговоръ.

— Здравствуй, Маша,— окликнулъ Коля,— вотъ какъ ты умѣешь привѣтливо встрѣчать гостей, когда захочешь...

Маша вздрогнула и обернулась; передъ нею стояли оба мальчика. Петя смотрѣлъ тревожно; онъ сейчасъ же узналъ Никифора, и первая его мысль была, что цыганъ вѣроятно пришелъ за тѣмъ, чтобы увести Машу. Коля, едва сдерживая насмѣшливую улыбку, съ любопытствомъ слѣдилъ глазами за малѣйшимъ движеніемъ дѣвочки.

— Это мой папа,— отозвалась послѣдняя и взглянула на Колю такъ серьезно, что онъ, при всей своей находчивости, не могъ сказать положительно ничего колкаго какъ имѣлъ-было намѣреніе, а даже посторонился съ дороги, чтобы пропустить мимо себя Никифора, котораго Маша взяла за руку и потащила въ комнаты.

— Здравствуй, Никифоръ,— привѣтствовалъ его Ериковъ, когда онъ вошелъ въ столовую.

Никифоръ отвѣсилъ низкій поклонъ и началъ разсыпаться въ благодарности за то, что господа любятъ, берегутъ и холятъ его дорогую дочурку.

— Надѣюсь, ты-не за тѣмъ пришелъ, чтобы увести ее отъ насъ?— нерѣшительно спросила Лиза,— мы такъ привыкли къ ней, намъ безъ нея было бы очень скучно.

Никифоръ вмѣсто отвѣта почтительно поцѣловалъ ручку маленькой барышни, на глазахъ его выступили слезы, онъ смотрѣлъ какъ-то странно.

— Вѣдь не возьмешь, Никифоръ, не возьмешь?

— Силою, барышня не возьму, но если она сама пожелаетъ, то буду радъ, потому что я теперь остался совсѣмъ одинъ на бѣломъ свѣтѣ; жена моя умерла назадъ тому двѣ недѣли.

— Какъ, развѣ мачиха умерла?— переспросила Маша.

— Да; ее на стало.

– Значитъ теперь никто больше не бранилъ бы меня и не билъ, если бы я жила въ таборѣ?

Никифоръ утвердительно кизнулъ головой. Маша опустила глаза и задумалась; задумалась также Лиза. По выраженію лица подруги, она словно догадывалась, что послѣдняя была не прочь оставить ихъ, и дѣйствительно не ошиблась.

Въ душѣ маленькой цыганки происходила сильная борьба: ей жаль было отца, у котораго теперь, кромѣ нея, никого не осталось, ей даже почему-то казалось несправедливымъ жить въ довольствѣ въ то время, когда ему, бѣдному, можетъ быть приходилось вѣдаться съ нуждою; но въ то же самое время мысль о разлукѣ съ людьми, которые приняли въ ней такое теплое участіе въ трудную минуту жизни, тоже казалась ужасною. А Никифоръ, между тѣмъ, смотрѣлъ вопросительно и видимо ждалъ отвѣта.– Всѣмъ стало неловко, Ериковъ первый нарушилъ молчаніе и принялся доказывать цыгану, что онъ поступитъ неблагоразумно, взявъ Машу отъ нихъ и лишивъ ее возможности кончить курсъ въ гимназіи наравнѣ съ Лизой.

– Ты только подумай, Никифоръ,– говорилъ онъ, дружески потрепавъ его по плечу,– какую будущность можешь ты приготовить Машѣ, если снова возьмешь въ таборъ? Чему она тамъ у тебя научится, тогда какъ теперь изъ нея выйдетъ человѣкъ, который современемъ тебѣ же самому подъ старость можетъ служить опорою.

Много еще чего въ этомъ рсдѣ говорилъ онъ цыгану, говорилъ съ такимъ увлеченіемъ, такъ красно, такъ хорошо, что Никифоръ въ концѣ-концовъ вполнѣ согласился, въ особенности, когда Анна Павловна не только разрѣшила, но даже взяла съ него честное слово, что онъ, не менѣе какъ по крайней мѣрѣ два раза въ годъ, будетъ приходить къ нимъ, чтобы повидаться съ Машей.

– Сегодня мы тоже тебя не пустимъ,– сказалъ Ериковъ въ заключеніе,– ты долженъ непремѣнно ночевать здѣсь, и даже, если возможно, пробыть хотя нѣсколько дней.

– За ночлегъ благодарю покорно,– отвѣчалъ Никифоръ, низко кланяясь,– воспользуюсь съ большимъ удовольствіемъ, но завтра рано мнѣ необходимо быть въ таборѣ,– наши тронутся въ путь на разсвѣтѣ, я прощусь съ Машей съ вечера, чтобы утромъ уйти тихонько и никого не безпокоить.

Говоря эти слова, Никифоръ грустно взглянулъ на Машу, которая, съ своей стороны, крѣпко охвативъ его ручейками, едва сдерживала рыданія. Въ продолженіе всего остального дня отецъ и дочь были неразлучны; наконецъ стѣнные часы въ столовой пробили десять; Машу отправили спать.

— Прощай, папа,— сказала она, въ послѣдній разъ обнимая цыгана и, какъ бы чего-то испугавшись, бѣгомъ бросилась къ двери. Никифоръ молча взглянулъ ей вслѣдъ и отправился въ комнату лакея, гдѣ для него была приготовлена постель. Скоро въ домѣ всѣ улеглись, потушили огни и крѣпко заснули,— не спала только одна Маша: она чувствовала, что въ ней происходитъ сильная внутренняя борьба; и вотъ, дождавшись разсвѣта, тихонько на цыпочкахъ спрыгнула съ кровати, обулась, одѣлась, подошла къ окну и стала прислушиваться... Вотъ, наконецъ, въ лакейской что-то закопошилось, тихонько скрипнула дверь, по корридору раздались осторожные шаги; Маша вся обратилась въ слухъ и зрѣніе. На дворѣ показался Никифоръ; она спряталась за занавѣску, чтобы ее не примѣтили и долго, долго провожала глазами удалявшагося отца. Наконецъ онъ завернулъ за уголъ.

— Не видно больше... ушелъ...— вслухъ проговорила тогда дѣвочка; лицо ея въ одну минуту покрылось блѣдностію, она съ дикимъ отчаяніемъ оглянулась кругомъ, махнула рукою, открыла окно, спрыгнула во дворъ и быстрѣе молніи пустилась догонять цыгана.

***

Прошло три года; жизнь въ домѣ Ериковыхъ текла обычнымъ порядкомъ, о Машѣ не было никакихъ извѣстій. Дѣти очень скучали; сначала они все какъ будто надѣялись, что она вернется опять, что они что-нибудь узнаютъ о ней, услышатъ, увидятъ ее; но затѣмъ потеряли всякую надежду, и зачастую въ душѣ упрекали дѣвочку въ неблагодарности.

Маша, между тѣмъ, снова очутившись среди прежней обстановки, порою чувствовала себя совершенно довольною, порою же принималась тосковать и даже втихомолку плакать; ей жаль было Анну Павловну, совѣстно передъ нею, передъ ея мужемъ и передъ дѣтьми, въ томъ, что за все то доброе, что они для нея сдѣлали, за всѣ ласки, которыя ей оказывали — она, съ своей стороны, поступила относительно ихъ чрезвычайно безсердечно. Тосковала дѣвочка тоже тогда, когда вмѣсто прежнихъ теплыхъ лѣтнихъ дней наступала осень съ неизбѣжными при этомъ дождями и непогодой, когда ей было холодно, когда приходилось спать на сырой землѣ подъ открытымъ небомъ и довольствоваться самымъ скромнымъ ужиномъ.

— Маша, бѣдненькая,— говорилъ Никифоръ, прижимая ее къ груди,— вотъ видишь, тебѣ вѣдь холодно, да и кушать навѣрное хочется, а у насъ

80

сегодня, кромѣ варенаго картофеля, ничего нѣтъ; ты моя голубка отвыкла отъ такого кушанья.

– Ничего пана; не холодно мнѣ, и вовсе не хочется кушать, это просто такъ тебѣ кажется,– успокаивала Маша отца и, какъ бы въ доказательство истины своихъ словъ, смѣясь сбрасывала съ себя кофточку и весело напѣвала одну изъ его любимыхъ пѣсенъ, въ то время какъ остальная ватага, расположившись на травѣ вокругъ закоптѣлаго чугуна, съ аппетитомъ уничтожала похлебку.

– Завтра мы остановимся на ночлегъ около одного большого города,– сказалъ кто-то изъ присутствующихъ,– тамъ говорятъ будетъ ярмарка.

– Да; можетъ быть намъ удастся выгодно купить и перепродать лошадей; тогда зададимъ пиръ на весь міръ, и на мѣсто картофельной похлебки сваримъ превосходный обѣдъ.

– А теперь пока на боковую!– замѣтилъ Никифоръ и, взявъ Машу за руку, повелъ въ шатеръ.

На слѣдующій день цыгане поднялись ранѣе обыкновеннаго, на-скоро позавтракали, сложили палатки и взгромоздившись на длинную фуру, тронулись въ путь. Маша тоже сидѣла на возу; утро было пасмурное, холодное; мелкій, точно сквозь сито моросившій дождь шелъ въ продолженіе цѣлой ночи, на дорогѣ стояли лужи; телѣга ѣхала почти шагомъ, мѣрно покачиваясь изъ стороны въ сторону, громадныя колеса ея то-и-знай глубоко врѣзывались въ колеи, и тогда тѣмъ, кто занималъ мѣста около краевъ, приходилось жутко; но Никифоръ устроилъ для Маши отличное гнѣздышко въ самой серединѣ; она полулежала на роженномъ кулѣ съ сѣномъ и, незамѣтно для самой себя, сладко задремала. Во снѣ мерещился ей помѣщичій домъ Ериковыхъ, Лиза, Петя, Анна Павловна и даже Коля Зарницынъ, который по обыкновенію говорилъ разныя колкости, стараясь всѣми силами вывести ее изъ терпѣнія. "Противный мальчишка!" хотѣла сказать Маша, но въ эту мину телѣга остановилась, цыгане съ шумомъ начали слѣзать и Маша проснулась.

– Пріѣхали?– спросила она, протирая заспанные глаза.

– Да; привалъ, надо отдохнуть,– отвѣчалъ Никифоръ и, взявъ дочурку на руки, осторожно спустилъ внизъ; не успѣла Маша сдѣлать нѣсколько шаговъ впередъ, какъ вдругъ замѣтила, что тутъ же, около канавки, тоже очевидно расположившись для привала, сидѣлъ какой-то старикъ, одѣтый въ уродливую круглую шляпу съ широкими полями, дырявый плащъ и стоптанные полусапожки; рядомъ съ старикомъ помѣщалась дѣвочка, блѣдное изнуренное личико которой внушало состраданіе; между ними была поставлена шарманка. Старикъ пилъ водку и закусывалъ луковицей; спутница его держала въ рукахъ горбушку чернаго хлѣба. Маша взглянула

81

на нее пристально, дѣвочка въ свою очередь посмотрѣла на Машу; затѣмъ обѣ улыбнулись и сейчасъ же вступили въ разговоръ.

– Какъ тебя зовутъ?– спросила Маша.

– Машей.

– Также какъ меня; значитъ мы тезки.

Между ними завязалась чрезвычайно оживленная бесѣда, изъ которой выяснилось, что маленькая незнакомка и старикъ-шарманщикъ направлялись туда-же, куда и цыгане, т.-е. на ярмарку.

– Это отецъ твой?– спросила Маша.

– Нѣтъ; дѣдушка.

– Вы идете вмѣстѣ?

– Мы всегда ходимъ вмѣстѣ; дѣдушка вертитъ шарманку, а я пою пѣсни; добрые люди даютъ намъ денегъ, на эти деньги покупаемъ кушанье.

– А папы и мамы развѣ у тебя нѣтъ?

Дѣвочка боязливо оглянулась назадъ и, замѣтивъ, что старикъ, котораго она называла дѣдушкой, занятъ разговоромъ съ цыганами, прошептала скороговоркой:

– Есть; но только они очень далеко.

– Отчего же ты живешь ее съ ними, а съ дѣдушкой?

– Старикъ вовсе мнѣ не дѣдушка; онъ просто какой-то бродяга, который два года тому назадъ схватилъ меня въ лѣсу, куда я забрела, воспользовавшись тѣмъ, что няня уснула, зажалъ ротъ платкомъ, чтобы никто ее слыхалъ моего крика, увезъ въ незнакомый городъ и теперь заставляетъ пѣть и плясать для того, чтобы больше заработать денегъ.

"Ужъ не сестра ли это Лизы и Пети, которая какъ разъ два года тому назадъ, пропала безъ вѣсти", подумала Маша и, сообразивъ, что разговоръ громко вести не слѣдуетъ, спросила объ этомъ шопотомъ. Дѣвочка очень удивилась.

– Ты развѣ ихъ знаешь?– радостно спросила бѣдняжка.

– Тише, тише,– остановила ее Маша,– старикъ можетъ услышать,– и принялась подробно разсказывать, какими судьбами, попавъ въ семью Ериковыхъ, узнала отъ дѣтей о томъ, что у нихъ была маленькая сестрица Маша, которая пропала безъ вѣсти.

– Такъ ты недавно видѣла моихъ – папу, маму, Лизу, Петю! Ахъ, какъ я была бы рада опять къ нимъ возвратиться!

– А ужъ какъ они были бы счастливы! Но постой, можетъ быть, дѣло можно какъ-нибудь уладить.

– Нѣтъ,– печально отозвалась дѣвочка, и по блѣдненькимъ щечкамъ ея покатились крупныя слезы.

Маша соскочила съ мѣста, подбѣжала къ отцу и въ короткихъ словахъ сообщила все то, что сейчасъ узнала отъ маленькой спутницы-шарманщицы. Никифоръ слушалъ со вниманіемъ.

— Надо непремѣнно доставить дѣвочку къ родителямъ,– сказалъ онъ: — Ериковы такъ много для насъ сдѣлали, что намъ было бы грѣшно и стыдно не отплатить имъ тѣмъ же; но вопросъ только въ томъ, какъ взяться за дѣло; шарманщикъ ни за что не отдастъ Машу доброй волей.

— А можетъ быть, папа, попробуй спросить.

— Нечего и думать.

— Тогда какъ же быть?

— Одно средство – украсть ее.

— Ахъ, въ самомъ дѣлѣ, какая отличная мысль!

— Только ты, пожалуйста, будь осторожнѣе и скажи Машѣ, чтобы она, съ своей стороны, тоже ничего никому не болтала; за остальное я берусь,– сказалъ Никифоръ въ заключеніе и, вставъ съ мѣста, подошелъ къ шарманщику.

— Что, дружище, притомился?– спросилъ онъ его привѣтливо.

— Да, едва ноги таскаю; вѣдь мы съ дѣвочкой-то, почитай, третью недѣлю въ дорогѣ.

— А куда пробираетесь?

— На ярмарку въ сосѣдній городъ.

— Въ самомъ дѣлѣ? Вотъ отлично, значитъ, попутчики; мы тоже туда путь держимъ. Дѣвочка тебѣ дочка или внучка?

— Внучка,– коротко отвѣтилъ шарманщикъ, опустилъ глаза внизъ и сейчасъ же перемѣнилъ разговоръ, который, впрочемъ продолжался не долго, потому что оба собесѣдника казались очень усталыми.

— Соснуть развѣ немножко,– сказалъ шарманщикъ.

— Что-жъ, дѣло доброе! Я, пожалуй, тоже послѣдую твоему примѣру,– отвѣчалъ Никифоръ.

— Машутка!– крикнулъ тогда шарманщикъ: — или сядь около шарманки, да смотри никуда ни шагу, чтобы грѣхомъ кто не укралъ ее.

Дѣвочка молча повиновалась; маленькая цыганка уже успѣла передать ей о намѣреніи отца, и она, видимо, была сильно взволнована, но старалась казаться покойной.

Старикъ вытянулъ усталыя ноги, прикрылся своимъ дырявымъ пдащемъ и почти мгновенно заснулъ; Никифоръ расположился около. Онъ лежалъ совершенно покойно съ закрытыми глазами, но не спалъ, соображая какъ бы половчѣе да поискуснѣе обдѣлать задуманное предпріятіе; и вотъ, дождавшись, наконецъ, когда сосѣдъ его захрапѣлъ, осторожно привсталъ съ мѣста, знакомъ подозвалъ Машу Ерикову и проговорилъ шопотомъ:

— Хочешь вернуться къ родителямъ?

— Еще бы, конечно, я такъ соскучилась по нимъ.

— Тогда пойдемъ со мною, я спрячу тебя въ нашу фуру; ты должна будешь скрываться нѣсколько дней, то-есть, пока мы останемся на ярмаркѣ, а затѣмъ таборъ какъ разъ направляется въ ту сторону, гдѣ живутъ твои родители.

Маша, вмѣсто отвѣта, охватила ручейками шею цыгана.

— Будь только осторожна; берегись, чтобы старикъ не услыхалъ.— По шарманщикъ, по счастію, спалъ крѣпкимъ сномъ, и проснулся только тогда, когда цыгане закопошились, чтобы отправляться далѣе.

— — Машутка!— крикнулъ онъ первымъ дѣломъ, замѣтивъ отсутствіе дѣвочки; — вѣдь этакая противная! сказалъ, чтобы сидѣла на мѣстѣ, а ее и слѣдъ простылъ. Машутка, Машутка!

Отвѣта, конечно, не послѣдовало. Машутка лежала на возу, свернувшись калачомъ, и дрожала какъ въ лихорадкѣ. Шарманщикъ былъ внѣ себя; онъ разспрашивалъ всѣхъ присутствующихъ, но, понятно, ни отъ кого не добился толку: цыгане между тѣмъ тронулись въ путь.

Прошло три дня, три мучительныхъ дня, которые Машѣ казались цѣлою вѣчностью. Но вотъ ярмарка окончилась, таборъ снова собралъ весь свой скарбъ и двинулся по направленію къ городу, гдѣ жили родители Маши. Въ дорогѣ пришлось быть около восьми дней и на девятый къ вечеру цѣль путешествія была окончена. Цыгане, но обыкновенію, расположились въ лѣсу, раскинули палатки, развели костеръ и начали варить ужинъ; но обѣимъ дѣвочкамъ было не до ѣды: маленькія сердечки ихъ бились тревожно; цыганка Маша, припомнивъ подробности своего побѣга изъ дома благодѣтелей, чувствовала, что ей стоитъ большого труда снова показаться на глаза къ Аннѣ Павловнѣ, а между тѣмъ такъ хотѣлось видѣть ее и остальныхъ членовъ семейства.

Маша Ерикова переживала еще большее волненіе: она рвалась всей душей скорѣе обнять дорогихъ и близкихъ сердцу людей, и боялась, что все это не болѣе какъ сонъ, что она должна непремѣнно проснуться для того, чтобы снова увидѣть себя въ грязной канавѣ рядомъ съ оборваннымъ шарманщикомъ. что онъ сейчасъ закричитъ на нее, ударитъ, заставитъ пѣть и плясать въ то время, когда ей хочется кушать, когда ей холодно... И много еще чего въ этомъ родѣ представлялось дѣвочкѣ; длинная вереница самыхъ разнообразныхъ мыслей тянулась въ бѣлокурой головкѣ. Она задумчиво сидѣла на травѣ и съ нетерпѣніемъ ожидала благословенной минуту, когда можно будетъ тронуться. Наконецъ эта минута наступила:

— Идите,— сказалъ Никифоръ.

Дѣвочка поспѣшно встала и, подъ вліяніемъ сильнаго волненія, въ продолженіе всего перехода почти не говорила ни слова...

Ериковы въ это время сидѣли зъ столовой. Лиза за послѣдніе два года чрезвычайно выросла, Петя тоже вытянулся; они торопились скорѣе допить чай, чтобы снова засѣсть за уроки, какъ вдругъ дверь съ шумомъ отворилась и на порогѣ показалась Аксинья, а за нею маленькая цыганка.

– Маша!– вскричала Анна Павловна и дѣти въ одинъ голосъ:– Маша, милая, какъ мы рады и счастливы, что ты опять къ намъ воротилась.

Маша шла съ опущенными глазами, она была сильно взволнована, лицо ея то покрывалось красными пятнами, то дѣлалось блѣднѣе полотна.

– Я никогда не смѣла бы показаться сюда послѣ вторичнаго побѣга,– заговорила она дрожащимъ голосомъ, еслибъ не представился случай доставить вамъ большую-пребольшую радость... сейчасъ, погодите!..– добавила дѣвочка въ заключеніе и, не только не дождавшись отвѣта, но даже не успѣвъ хорошенько поздороваться, къ общему удивленію выбѣжала изъ комнаты.

– Что съ нею такое?– сказала Лиза: – ужъ не сошла ли она съ ума!

Петя всталъ съ своего стула, чтобы послѣдовать за цыганкою, но едва сдѣлалъ нѣсколько шаговъ, какъ дверь снова отворилась, и Маша опять показалась въ столовой, держа за руку другую дѣвочку почти одного съ нею роста.

– Мамочка, милая, дорогая!– вскричала послѣдняя, бросившись на шею Анны Павловны,– неужели это не сонъ, неужели я опять съ тобою... дома... но гдѣ же пана, Лиза, Петя...

Лиза крѣпко охватила сестренку за талію и прижала къ груди, а Петя тѣмъ временемъ сбѣгалъ въ кабинетъ отца, чтобы сообщить неожиданную новость. Ериковъ сначала не повѣрилъ, но потомъ, когда, войдя въ столовую, собственными глазами убѣдился въ истинѣ, то радовался конечно не менѣе другихъ и искренно отъ души благодарилъ Бога за возвращеніе ребенка, котораго считалъ навѣрное погибшимъ. Никифора позвали тоже въ столовую; общая бесѣда продолжалась далеко за полночь и спросамъ переспросамъ и разсказамъ не было конца. Цыганка Маша и отецъ ея прогостили нѣсколько дней въ семьѣ Анны Павловны и дѣти снова попытались было возбудить вопросъ о томъ, чтобы дѣвочка осталась съ ними, но Никифоръ, который теперь сосредоточивалъ всю свою привязанность на дочери, никакъ не могъ на это согласиться.

– Не просите, милые господа; мы лучше, если изволите, отъ времени до времени будемъ павѣщать васъ.

– Не только позволяемъ, но просимъ,– отвѣчалъ Ериковъ,– вы для насъ первые друзья, слѣдовательно, самые милые, дорогіе гости, потому что, еслибъ не вы, то никогда бы не видать намъ больше наше сокровище...– при этомъ онъ нѣжно поцѣловалъ свою Машуту.

— Да, папочка, это правда, еслибъ не Маша и не ея добрый отецъ, то мнѣ и теперь бы пришлось дрогнуть да голодать вмѣстѣ съ противнымъ старымъ шарманщикомъ.

СИЛА ХАРАКТЕРА

Въ уютной, маленькой комнатѣ, убранной чрезвычайно опрятно, хотя вмѣстѣ съ тѣмъ болѣе чѣмъ скромно, сидѣла дѣвочка лѣтъ двѣнадцати; передъ нею на столѣ лежала открытая книга, которая очевидно не отличалась особеннымъ интересомъ, потому что дѣвочка уже болѣе получаса не заглядывала въ нее, а эблокотившись на руку, безсознательно смотрѣла въ открытое окно и о чемъ-то такъ сильно задумалась, что даже не слыхала, какъ дверь, ведущая въ кухню, отворилась и на порогѣ показалась женщина среднихъ лѣтъ, одѣтая въ простое ситцевое платье, аккуратно обшитое около ворота и рукавовъ чисто вымытыми бѣлыми кружевцами.

— Ленушка, добѣги до булочной; купи къ обѣду нѣсколько штукъ вчерашняго пирожнаго,— сказала она, подавая дѣвочкѣ двугривенный.

— Ахъ, мамочка, жарко сегодня очень,— нехотя отозвалась дѣвочка, развѣ нельзя послать Акулину.

— Акулина занята, она дѣлаетъ пирогъ.

— А когда кончитъ?

— Тогда надо накрывать на столъ; папа придетъ со службы усталый, захочетъ поскорѣе пообѣдать и лечь отдохнуть.

Леночка, или, какъ ее называла мать, Ленушка, молча взяла деньги, надѣла шляпу и вышла на улицу. Едва завернула она за уголъ, какъ вдругъ услыхала позади себя знакомый голосъ, который назвалъ ее по фамиліи; обернувшись, она увидѣла одну изъ своихъ подругъ, Любочку Немирову, дочь богатаго банкира, только-что поступившую въ ту же гимназію и даже въ тотъ самый классъ, гдѣ она находилась тоже.

— Здравствуй!— сказала Ленушка, окинувъ бѣглымъ взглядомъ долговязую рыжую англичанку, конвоировавшую Любочку,— куда направляешься?

— Идемъ въ кондитерскую; завтра рожденіе моего маленькаго брата и у насъ готовится торжество: утромъ будемъ завтракать въ саду и пить шеколадъ, потомъ поѣдемъ кататься въ экипажѣ, а послѣ обѣда устроимъ восхитительную прогулку на лодкѣ по пруду, который находится въ напіемъ садѣ. Попроси маму, чтобы она отпустила тебя на цѣлый день.

— Благодарю; но едва ли это возможно.

— Почему?

— Потому что мама совсѣмъ не знаетъ твоихъ родителей, и сочтетъ пожалуй неловкимъ отпустить меня въ незнакомый домъ.

— Тогда моя мама, ѣхавши мимо, остановится около вашей квартиры и лично попроситъ твою,-вы вѣдь кажется здѣсь живете?– добавила Любочка, указавъ своею миніатюрною ручкою, обтянутою въ изящную лайковую перчатку, на квартиру Леночки.

– Да; вотъ наши окна въ первомъ этажѣ.

– Какія смѣшныя, низенькія; это вѣрно домашняя половина?

– Д-д-да,– сквозь зубы процѣдила Леночка и опустила глаза,

– А гдѣ же парадныя комнаты?

– Онѣ выходятъ на другую улицу.

– Съ которой стороны будетъ удобнѣе подъѣхать, чтобы ты увидала насъ?

– Съ этой обязательно,– отвѣчала Леночка покраснѣвъ до ушей, потому что говорила неправду; т.-е. неправду въ томъ отношеніи, что вся квартира ея родителей состояла всего изъ трехъ небольшихъ комнатъ, окна которыхъ выходили только на одну сторону.

– Значитъ ты на домашней половинѣ чаще бываешь?

– Не только чаще, но почти постоянно.

– Я же, напротивъ, люблю бѣгать по всѣмъ комнатамъ.

– Любочка, намъ нѣтъ времени болтать такъ долго,– строго замѣтила англичанка.

Любочка волей-неволей должна была прекратить бесѣду и, дружески кивнувъ пріятельницѣ головою, повторила еще разъ, что мама непремѣнно завтра подъѣдетъ къ окну и пригласитъ ее кататься.

"Слава Богу, что она встрѣтила меня теперь, а не на возвратномъ пути съ тюрючкомъ", подумала Леночка и, выждавъ, когда Люба Немирова завернула за уголъ, торопливо побѣжала въ булочную. Дома между тѣмъ босоногая кухарка Акулина, подъ руководствомъ самой барыни, мѣсила пирогъ и затѣмъ, посадивъ его въ печку, принялась накрывать столъ.

– На, мама, пирожное,– послышался голосъ дѣвочки.

– Принесла?

– Да; и вмѣстѣ съ пирожнымъ много новостей.

– Какихъ?

Леночка подробно передала встрѣчу съ подругою, но конечно умолчала о томъ, что наговорила послѣдней о своей квартирѣ.

– Не ровня намъ такіе богатые люди,– отвѣчала мама: – мы не привыкли къ ихъ обстановкѣ, они къ нашей,

– Ты этимъ хочешь сказать, что не слѣдуетъ принимать любезнаго приглашенія?

– Да; пожалуй.

– Но, мама, отчего же?– вѣдь Любочка моя подруга: мы въ одномъ классѣ, даже сидимъ на одной скамейкѣ; между намъ нѣтъ никакой разницы. Пока вы въ гимназіи, между вами дѣйствительно нѣтъ никакой разницы; но въ домашнемъ быту, большая... Любочка, какъ ты сама говоришь, дочь богатаго банкира, слѣдовательно живетъ хорошо и привыкла къ роскоши; твой же папа простой чиновникъ, который въ потѣ лица зарабатываетъ копѣйку, чтобы кое-какъ прокормить семью.

— Все это такъ, мамочка, только мнѣ непремѣнно хочется хотя одинъ разъ побывать у Любочки; ты пожалуйста не сердись.

— Я не думаю сердиться.

— Не сердись, и...

— И что?

— И купи мнѣ къ заврашнему дню новую шляпку – моя совсѣмъ истрепалась, особенно противъ Любочкиной.

— Послѣднее совершенно невозможно: шляпа куплена въ апрѣлѣ, а теперь у насъ іюнь; въ три мѣсяца ты не могла истрепать ее.

— Но, мамочка, на ней нѣтъ ни цвѣтовъ, ни перьевъ. Посмотри какая нарядная шляпа у Любочки; мнѣ будетъ неловко сидѣть подлѣ нее въ такомъ колпакѣ!

— Тогда откажись отъ прогулки.

— Ни за что на свѣтѣ.

Мама замолчала.

— А платье какое ты мнѣ посовѣтуешь надѣть?– снова заговорила Леночка.

— Право не знаю; надѣнь хоть голубое – оно, кажется, сидитъ на тебѣ лучше другихъ.

— Мнѣ бы хотѣлось бѣлое.

— Оно не вымыто.

— Можно вымыть.

— Трудно, другъ мой, слишкомъ мало времени.

Леночка только-что открыла ротъ, чтобы возразить, но въ эту минуту въ прихожей раздался звонокъ, и вслѣдъ затѣмъ въ комнату вошелъ папа; по раскраснѣвшемуся лицу его и покрытымъ пылью сапогамъ не трудно было догадаться, что бѣдный труженикъ совершилъ не близкое путешествіе, и очень утомился. Одѣтъ онъ былъ въ форменный вицъ-мундиръ и держалъ подъ мышкой большой зеленый портфель – доказательство, что пришелъ прямо со службы.

— Ну, денекъ, тепленькій, нечего сказать,– замѣтилъ онъ, обтираясь носовымъ платкомъ.

— Кажется жарко,– отозвалась мама:– я даже распорядилась сдѣлать сегодня къ обѣду на мѣсто горячаго супа ботвинью.

— Отлично; давайте ее сюда скорѣе.

Вся семья присѣла къ столу. Леночкѣ обѣдъ показался безконечно длиннымъ и невкуснымъ; она ожидала съ нетерпѣніемъ, когда онъ окончится, чтобы на свободѣ осмотрѣть голубое платье и передѣлать, если что оканіется нужнымъ. Но вотъ Акулина третій разъ перемѣнила тарелки, торжественно поставила на середину миндальное пирожное и кофе; дѣвочка отказалась отъ того и другого.

– Мамочка, можно встать раньше; я не хочу сладкаго,– обратилась она къ матери. Мама молча кивнула головою.

Платье сейчасъ же было вынуто изъ шкафа, тщательно осмотрѣно, вытрясено и примѣрено. Передѣлки по счастію не потребовалось и это обстоятельство очень успокоило Леночку – она сразу повеселѣла. Вечеромъ, когда жара спала, очень охотно отправилась гулять съ отцомъ и матерью и затѣмъ, вернувшись домой, поужинала съ большимъ аппетитомъ. За ужиномъ она попробовала вторично заговорить о новой шляпкѣ, но мама такъ разсердилась, что даже прикрикнула:

– Это изъ рукъ вонъ, Левушка, кажется ты не крошечная дѣвочка, а между тѣмъ не можешь понять положенія своихъ родителей, стыдно...

– Въ чемъ дѣло?– вмѣшался отецъ.

Мама въ короткихъ словахъ передала ему неумѣстную просьбу дочери.

– Вздоръ!– закричалъ онъ тогда еще громче: – мы разсчитываемъ каждую копѣйку, живемъ въ долгъ, а тутъ вдругъ, Богъ знаетъ для чего, покупать новую шляпку, которая будетъ стоить дорого и нисколько не удивитъ твою Любочку.

Леночка замолчала, чувствуя что слезы подступаютъ въ горлу: она никакъ не могла понять, почему родители не исполняли ея желаніе и приписывала это скупости. Отецъ между тѣмъ довольно долго сидѣлъ за столомъ, продолжая съ увлеченіемъ доказывать, насколько трудно содержать семью на тѣ болѣе чѣмъ ограниченныя средства, которыя они имѣютъ; мать отъ времени до времени перебивала его длинный монологъ, подтверждая съ своей стороны, какая ныньче дороговизна во всемъ, начиная съ провизіи и кончая обувью... Леночка слушала обоихъ разсѣянно; она вполнѣ была увѣрена, что они просто изъ каприза не хотѣли купить новую шляпу, и считала себя самымъ несчастнымъ человѣкомъ. Но вотъ, наконецъ папа всталъ съ мѣста и пошелъ въ спальню; мама послѣдовала за нимъ и Леночка отправилась тоже, чтобы снять съ кровати матери свои подушки, простыню и одѣяло – она спала въ гостиной на диванѣ и большею частію сама устраивала себѣ постель.

– Завтра я на цѣлый день ѣду къ одной подругѣ,– обратилась дѣвочка къ Акулинѣ, проходя въ кухню въ то время, какъ послѣдняя, засучивъ рукава, собиралась чистить сапоги.

– Что же, съ Богомъ! Все дома сидѣть вѣдь скучно.

— Еще какъ иногда бываетъ скучно, Акулинушка, еслибъ ты знала. Мама занята по хозяйству, папа на службѣ – не съ кѣмъ слова сказать!

— Конечно, конечно, матушка-барышня, молодому человѣку скучно, особливо когда еще достатки не велики.

— Какъ достатки не велики? Что это значитъ, Акулина, я не понимаю?

— Да не слыхали развѣ какъ папенька съ маменькой плакались за ужиномъ, что у нихъ мало средствъ и трудно содержать семью.

— Это-то я слышала,– отозвалась Леночка упавшимъ голосомъ.

— Ну вотъ! Какая же тутъ радость молодому человѣку, "и" того нельзя, и этого не надо,– продолжала Акулина съ насмѣшливой улыбкой, стараясь поддѣлаться къ дѣвочкѣ, такъ-какъ порою была очень недовольна, что господа, желая соблюсти экономію, во все входили сами.– Хотя бы теперь взять на счетъ шляпки,– просто не хотятъ! Ужъ не такихъ она огромныхъ денегъ стоитъ въ самомъ дѣлѣ!

Слова хитрой кухарки опять разожгли въ Леночкѣ нѣсколько успокоившіяся было чувства: она болѣе часу проплакала, ворочаясь съ боку-на-бокъ на диванѣ, но наконецъ, утомившись физически, крѣпко заснула и проспала вплоть до утра, когда наконецъ та же самая Акулина пришла разбудить ее.

— Вставайте, барышня,– говорила кухарка, осторожно толкая дѣвочку въ плечо: – смотрите денекъ-то какой выдался превосходный: не жарко, и дождя нѣтъ; гулять будетъ очень пріятно.

Леночка открыла глаза и спросила который часъ.

— Скоро десять,– отвѣчала Акулина,– папенька напился чаю и въ должность ушелъ, а маменька на рынокъ.

— Что же ты меня не будила раньше? Я пожалуй не успѣю одѣться какъ Любочка пріѣдетъ – выйдетъ очень неловко!

— Да вы вчера не предупредили, что надо будить – и потому не разбудила.

Леночка хорошо знала, что Акулину не переспоришь, что она всегда останется права, а потому, безъ дальнѣйшихъ возраженій, поспѣшно начала одѣваться и только торопила скорѣе убирать комнату, боясь въ душѣ, чтобы Любочка грѣхомъ не вздумала зайти сама.

"Я наряжусь съ утра, даже надѣну шляпку, чтобы не дать ей времени подняться на лѣстницу и видѣть нашу отвратительную квартиру", подумала дѣвочка и, дѣйствительно, къ одиннадцати часамъ была совершенно одѣта.

— Куда это собралась такъ рано?– спросила ее мама, возвратившись съ рынка и держа въ рукѣ небольшую плетеную корзинку съ провизіей.

— Я, мамочка, нарочно торопилась одѣться, чтобы не заставить ожидать Любочку, когда она пріѣдетъ.

91

– Развѣ она можетъ пріѣхать такъ рано, другъ мой?

– Все же лучше быть готовой.

И Леночка молча отошла къ окну, гдѣ ей пришлось ожидать очень долго. Наконецъ, въ исходѣ третьяго часа, на улицѣ раздался лошадиный топотъ и щегольская коляска на обтянутыхъ резиною колесахъ, совершенно неслышно, словно не прикасаясь къ каменной мостовой, подкатила къ подъѣзду. Въ коляскѣ, рядомъ съ матерью, сидѣла Любочка; на передней скамейкѣ помѣщался маленькій мальчикъ,– всѣ трое были очень нарядны.

– Мы за тобою!– громко крикнула Любочка, увидѣвъ Леночку въ окно: - а, да ты уже въ шляпкѣ, значитъ, мама не имѣетъ ничего противъ прогулки. Выходи скорѣе!

– Нѣтъ, дитя мое, такъ нельзя,– остановила Любочку мать,– я должна познакомиться съ maman mademoiselle Hélune, и лично получить разрѣшеніе.

Говоря это, изящная дама, все платье которой было покрыто драгоцѣнными кружевами, уже привстала съ мѣста, намѣреваясь выйти изъ экипажа.

– Не безпокойтесь,– поспѣшно отвѣчала Леночка:– мама подойдетъ къ окну, если только она дома. Я сейчасъ узнаю.

И при одной мысли, что ложь ея относительно квартиры можетъ разоблачиться, когда дама непремѣнно пожелаетъ войти, она со всѣхъ ногъ бросилась въ кухню, гдѣ мать объясняла Акулинѣ, какимъ образомъ слѣдуетъ дѣлать какой-то соусъ.

– Мамочка, ради Бога, подойди скорѣе къ окну гостиной,– вскричала она, запыхавшись.

– Что случилось?

– Немировы пріѣхали за мною въ коляскѣ, и она сама желаетъ тебя видѣть.

– Господи! Какъ ты напугала меня... я думала пожаръ, или Богъ знаетъ что такое!

– Иди же, или скорѣе!

– Постой! Не горитъ вѣдь въ самомъ дѣлѣ.

– Но, мамочка, онѣ могутъ войти сюда...

– Что же изъ этого! Пусть войдутъ; очень рада.

– Нѣтъ, сохрани Богъ.

– Почему?

– Я не хочу, чтобы онѣ видѣли нашу маленькую квартиру.

И Леночка почти со слезами на глазахъ, силою тащила мать за руку.

– Вотъ и мама,– сказала она, стараясь казаться спокойной.

— Здравствуйте, madame Пруткова!— заговорила нарядная дама, наводя лорнетъ на одѣтую въ скромное ситцевое платье мать Леночки,— очень пріятно познакомиться; наши дочери, кажется, воспитываются вмѣстѣ; я пріѣхала къ вамъ съ просьбою, разрѣшить mademoiselle Hélène съ нами кататься, а затѣмъ пробыть у насъ до вечера.

— Съ большимъ удовольствіемъ, если только она не стѣснитъ васъ.

— О, нисколько.

— Въ которомъ часу прислать за нею, и куда?— я не знаю вашего адреса.

— Мы живемъ на Каменно-Островскомъ проспектѣ, собственный домъ; а что касается въ которомъ часу, то чѣмъ позже, тѣмъ лучше.

— Нѣтъ, извините, слишкомъ поздно оставаться ей неудобно; мы сами ложимся спать довольно рано.

Услыхавъ эти слова, Любочка улыбнулась. Леночка замѣтила улыбку; ей сдѣлалось ужасно неловко и въ то же время досадно, зачѣмъ мама такъ отвѣтила.

— Тогда какъ вамъ будетъ удобно.

— Лучше всего вотъ что,— продолжала г-жа Пруткова:— въ девять часовъ мнѣ необходимо по одному дѣлу быть въ вашей сторонѣ, я зайду за нею сама.

— Очень пріятно.

— Въ девять часовъ слишкомъ рано,— замѣтила Любочка.

— Хорошо, я постараюсь придти попозднѣе.

— Зачѣмъ; вы пожалуйте въ девять, какъ были намѣрены, и откушайте съ нами чай.

— Душевно благодарю за любезное приглашеніе, только воспользоваться имъ на этотъ разъ никакъ не могу. Гдѣ же ты Ленушка,— добавила г-жа Пруткова, обратившись къ дочери: — или скорѣе, не заставляй ожидать себя.

"Какъ противно звучитъ въ ушахъ слово Ленушка,— подумала дѣвочка, то ли дѣло mademoiselle Hélène", и поправивъ на головѣ шляпку, выбѣжала изъ комнаты.

— До свиданія мама,— крикнула она, когда коляска тронулась съ мѣста.

— Леночка, скажи пожалуйста какъ называетъ тебя мама?— спросила Люба Немирова.

— По имени.

— Вѣдь твое имя Елена?

— Да.

— Значитъ въ уменьшительномъ будетъ Леночка,

— Конечно.

— А она назвала иначе.

— Тебѣ послышалось.

93

Говоря это Леночка покраснѣла и отвернулась.

– Нѣтъ, нѣтъ она сказала такъ смѣшно... такъ потѣшно...

– Ленушка,– вмѣшался маленькій мальчикъ, все время молча слушавшій разговоръ дѣвочекъ.

– Вотъ именно Ленушка – это ужасно смѣшно,– и Любочка громко расхохоталась:– хочешь, я разскажу всѣмъ въ гимназіи, тебя будутъ звать Ленушкой?

– Ради Бога не дѣлай этого: меня поднимутъ на смѣхъ,– молила бѣдная дѣвочка и почти готова была расплакаться.

– Будь покойна, я пошутила; неужели ты не можешь понять шутки! Вотъ посмотри лучше какой превосходный зонтикъ папа привезъ мнѣ изъ Парижа.

– Я давно замѣтила: зонтикъ просто игрушка, да и шляпка тоже очень миленькая, не то что моя, настоящая ворона.

– Чѣмъ ворона! Нѣтъ, она не такъ дурна, какъ тебѣ кажется. Правда, ленты немножко выцвѣли и солома помялась съ праваго бока, но въ общемъ еще ничего – у насъ въ гимназіи бываютъ хуже.

"Слава тебѣ Господи!– подумала Леночка:– я боялась, что она будетъ смѣяться", и очень ловко перемѣнила разговоръ.

Прогулка въ коляскѣ продолжалась около часа; породистые сѣрые рысаки бѣжали быстро, отбивая копытами по каменной мостовой; экипажъ катился плавно, и такъ хорошо, такъ пріятно было сидѣть на мягкой эластичной подушкѣ, что Леночка, позабывъ всѣ домашнія невзгоды была совершенно довольна.

– Игнатій, домой!– крикнула г-жа Немирова кучеру, и рѣзвые кони, какъ бы инстинктивно понявъ пріятное для нихъ значеніе слова "домой", понеслись еще быстрѣе.

– Вотъ и пріѣхали,– сказала Любочка, когда экипажъ, послѣ долгихъ заворачиваній изъ улицы въ улицу, наконецъ остановился около большого каменнаго дома, на подъѣздѣ котораго давно дожидался одѣтый въ черный фракъ съ бѣлымъ жилетомъ и бѣлымъ галстухомъ лакей.

– Милости просимъ, mademoiselle Hélène,– обратилась г-жа Немирова къ Леночкѣ: – вы сегодня на цѣлый день наша гостья; прошу ни въ чемъ не церемониться и быть совершенно какъ дома.– Леночка поблагодарила, и въ то же самое время невольно подумала, что ея домъ далеко не походитъ на раззолоченныя палаты Немировыхъ: сколько блеску, сколько изящныхъ бездѣлушекъ встрѣчала она на каждомъ шагу, просто глаза даже разбѣгались; особенно когда Любочка ввела ее въ свою комнату – это былъ совершенно маленькій рай. Леночка никогда даже во снѣ не видала ничего подобнаго.

– Какъ у тебя здѣсь хорошо,– сказала она и съ восхищеніемъ опустилась на диванъ.

– Да ничего, не дурно; папа и мама балуютъ меня, ни въ чемъ не отказываютъ...

– Не то, что мои родители!– нечаянно сорвалось съ языка у Леночки.

– А что же они скупые?

– Не знаю право; должно быть, потому что рѣдко исполняютъ то, о чемъ я прошу ихъ.

– Бѣдняжка! Это тебѣ вѣроятно очень тяжело и непріятно.

– Безъ сомнѣнія.

– Ты попробуй плакать, капризничать, авось будетъ лучше.

– Напротивъ, мама разсердится, папа закричатъ – вотъ и все. Хотя бы сегодня, напримѣръ, почему мама не хотѣла оставить меня подольше у васъ?– нѣтъ, говоритъ, въ девять часовъ приду.

– Да, знаешь, меня саму это просто разсмѣшило; въ особенности, когда она сказала, что у васъ въ домѣ ложатся спать рано, точно маленькія дѣти.

Леночка была очень довольна, что наконецъ могла излить то, что накопилось у нея на душѣ, передъ такимъ же неразумнымъ существомъ какъ сама. Любочка слушала съ большимъ вниманіемъ, принимала самое живое участіе и давала много разныхъ совѣтовъ, въ числѣ которыхъ предлагала наотрѣзъ отказаться идти домой, когда мама явится въ девять часовъ.

– Вѣдь мы уже не маленькія,– сказала она торжественно:– пора быть самостоятельными, и хотя разъ въ жизни выдержать характеръ.

Эти послѣднія слова очень понравились Леночкѣ: она мысленно рѣшила сегодня же примѣнить ихъ къ дѣлу и не уходить отъ подруги до тѣхъ поръ, пока сама не пожелаетъ. Время между тѣмъ летѣло незамѣтно; къ обѣду пріѣхали гости, собралось нѣсколько товарищей Володи – такъ звали маленькаго брата Любочки – виновника сегодняшняго торжества; затѣмъ три знакомыя подруги, и было очень весело; дѣти играли, бѣгали. Г-жа Немирова дала имъ полную свободу, они дѣлали что хотѣли, потому что квартира была чрезвычайно большая; взрослые находились за четыре комнаты; одна миссъ Рочь иногда заглядывала къ веселой компаніи, но и то, увлеченная интереснымъ, англійскимъ романомъ, по наружному слѣдила за тѣмъ, что тамъ творилось.

– Господа: мороженикъ идетъ – крикнулъ Володя,– надо позвать его – я хочу угостить моихъ гостей мороженымъ. Любочка, сбѣгай къ мамѣ, спроси можно ли; если да, то пусть она пришлетъ денегъ.

Любочка отправилась исполнить данное ей порученіе съ большимъ удовольствіемъ. Вернувшись обратно, она держала въ рукѣ пятирублевую бумажку.

– Ура!– крикнулъ Володя и сейчасъ командировалъ лакея за мороженымъ.

"Вотъ это жизнь, такъ жизнь!– опять подумала Леночка:– не то, что у насъ, трясутся надъ каждой копейкой; право, если бы было возможно, я, кажется, никогда бы не вернулась домой".

Часовая стрѣлка между тѣмъ показывала половину седьмого, до девяти оставалось не особенно далеко.

– Что ты смотришь на часы?– спросила Любочка, замѣтивъ движеніе подруги.

– Такъ, ничего; думаю, пожалуй мама скоро придетъ.

– Характеръ выдержишь?

– Непремѣнно.

– Увидимъ!

Освѣжившись мороженымъ, дѣти начали бѣгать и рѣзвиться больше прежняго, до тѣхъ поръ, пока появившаяся въ дверяхъ долговязая фигура миссъ Рочь не напомнила, что пора идти на балконъ кушать фрукты, и спуститься къ пруду, чтобы совершить давно ожидаемую прогулку по водѣ. Веселая компанія не заставила два раза повторять себѣ приглашеніе: съ шумомъ вбѣжала она на балконъ, въ нѣсколько минутъ опустошила стоявшія на столѣ вазы съ фруктами и направилась къ берегу пруда, гдѣ ее ожидала украшенная разноцвѣтными флагами лодка. Мальчики взяли весла, Люба сѣла на руль и лодка отчалила. Солнышко давно уже скрылось, въ воздухѣ чувствовалась прохлада... всѣмъ дышалось такъ легко, хорошо, пріятно; лицо каждаго изъ присутствующихъ выражало полное, безграничное удовольствіе,– одна только Леночка по временамъ вдругъ задумывалась; ее тревожила мысль, что скоро будетъ девять часовъ, мама придетъ, и тогда какъ быть?– Повиноваться безпрекословно, значитъ навсегда выставить себя безхарактерной въ глазахъ Любочки; тогда она уже не дастъ ей покоя, будетъ дразнить, всѣмъ разскажетъ въ гимназіи и, даже, пожалуй, съ досады проболтается, что ее дома называютъ Ленушкой; сказать мамѣ на отрѣзъ – "не пойду", конечно можно, но она разсердится, станетъ спорить, настаивать – выйдетъ цѣлая исторія. Самое лучшее пуститься на хитрость, т.-е. подкараулить, когда мама подойдетъ къ дому, никѣмъ незамѣченной выйти навстрѣчу и сказать, что г-жа Немирова убѣдительно проситъ ее остаться ночевать. Любочкѣ же, торжественно объявить, что мама въ назначенный часъ приходила, но она, т.-е. Леночка, отказалась слѣдовать за нею и, несмотря ни на какія увѣщанія, все-таки осталась – настояла на своемъ. "Это будетъ отлично", мысленно порѣшила дѣвочка и, начертивъ планъ дѣйствій, ожидала прихода матери съ большимъ безпокойствомъ, боясь, чтобы она какъ нибудь не пришла прямо въ комнаты. Но вотъ, наконецъ лодка причалила къ берегу; пассажиры высадились. Леночка прыгала и смѣялась наравнѣ съ другими, продолжая безпрестанно посматривать черезъ чугунную рѣшетку сада на улицу, по которой должна была проходить мама. Ровно въ половинѣ девятаго увидѣла она ее, идущею по тротуару и, воспользовавшись тѣмъ, что остальныя дѣвочки заняты разсматриваніемъ альбома, незамѣтно прокралась черезъ выходную дверь.

— Ну, что, Ленушка,— сказала мама:— весело тебѣ было? Я пришла домой звать.

— Весело, очень весело, только вотъ въ чемъ дѣло: Любочкина мамаша такъ убѣдительно проситъ меня остаться ночевать, что отказать нѣтъ возможности. Такъ ужъ позволь, пожалуйста — завтра утромъ я могу даже одна придти.

Говоря это, Леночка захлебывалась отъ волненія и безпрестанно озиралась кругомъ, во-первыхъ, изъ страха, чтобы кто не подслушалъ ихъ разговоръ, а во-вторыхъ — отъ непривычки лгать мамѣ.

— Коли хочешь, пожалуй оставайся; только завтра ни въ какомъ случаѣ не ходи одна,— я пришлю Акулину.

— Хорошо,— радостно согласилась Леночка: — значитъ до свиданія!— и поцѣловавъ маму, побѣжала обратно на крыльцо, гдѣ постояла до тѣхъ поръ, пока та совершенно скрылась изъ виду.

— Ну,— сказала она, войдя въ зало:— поздравьте меня, дѣло покончено.

— Какое?

— Я сейчасъ объявила мамѣ, что остаюсь здѣсь до завтра; вѣдь ты меня не прогонишь, Любочка?

— Напротивъ, буду очень рада; молодецъ же ты, если дѣйствительно такъ поступила.

— Что же мама?

— Ничего; начала было возражать, но я сказала, что поставлю на своемъ, и кончено.

— Молодецъ,— еще разъ повторила Любочка: — теперь никто не скажетъ, что въ тебѣ нѣтъ силы характера...

Леночка самодовольно улыбнулась.

— Значитъ, прекрасно; ты у насъ ночуешь?

— Хоть три ночи: я человѣкъ самостоятельный.

Игра пошла еще оживленнѣе: въ десять часовъ подали чай и только-что гости расположились вокругъ стола, въ прихожей раздался звонокъ, вслѣдъ за которымъ въ комнату вошли три дамы, одѣтыя по дорожному, и пожилой мужчина; за ними слѣдовали швейцаръ и лакей, держа въ рукахъ чемоданы.

— Тетя Лида! дядя Коля! Вѣрочка! Маня! милые, дорогіе, голубчики,— вскричали Любочка и Володя и бросились навстрѣчу.

– Наконецъ-то! Мы такъ давно и съ такимъ нетерпѣніемъ ожидали васъ,– сказала г-жа Немирова: – думали, что вы уже не будете.

– Нѣтъ, намъ непремѣнно хотѣлось пріѣхать гораздо ранѣе, но сначала дѣла задержали въ Москвѣ – должны были двумя днями позже выѣхать; затѣмъ, по непредвидѣннымъ обстоятельствамъ, останавливались въ Твери и, наконецъ теперь, къ довершенію всѣхъ препятствій, поѣздъ вздумалъ опоздать на цѣлый часъ. Мы очень боялись, что, пока доберемся до васъ, Володя ляжетъ спать и не придется сегодня передать ему маленькій подарочекъ. По счастію этого не случилось; онъ, какъ видно, еще бодрствуетъ и даже окруженъ гостями.

– Я, тетечка, сегодня, по случаю дня рожденія, долго не лягу,– отозвался Володя:– мама сказала, что могу сидѣть пока захочу.

– Тогда мы сейчасъ раскроемъ ящикъ, гдѣ заколоченъ подарокъ,– сказалъ дядя Коля.– Пожалуйста, Петръ,– обратился онъ къ лакею: – потрудись внести баулъ, который стоитъ въ прихожей.

Лакей отправился за бауломъ, а г-жа Немирова еще разъ подошла къ такъ-называемой тетѣ Лидѣ, ея родной сестрѣ, и крѣпко-крѣпко расцѣловалась; она давно ожидала ее съ мужемъ и двумя дочерьми, на цѣлый мѣсяцъ, и наконецъ дождалась.

Пока онѣ обмѣнивались различными привѣтствіями, Володя уже успѣлъ получить подарокъ – прелестную телѣжку и лошадь, которую можно было впрягать и выпрягать, а Любочка – миніатюрную столовую и чайную посуду, изъ настоящаго саксонскаго фарфора. Оба они были совершенно счастливы, и такъ увлеклись новыми игрушками, что даже совсѣмъ позабыли о присутствіи своихъ гостей. Къ одиннадцати часамъ всѣ товарищи Володи и подруги Любочки разъѣхались; осталась одна только Леночка. Г-жа Немирова посмотрѣла на нее съ удивленіемъ.

– Ваша maman развѣ не приходила и никого не присылала за вами?– спросила она ее.

– Нѣтъ, она приходила,– отвѣчала Леночка, переконфузившись,– но... по...

– Но что же?

– Развѣ Любочка не говорила вамъ, что просила меня остаться ночевать.

– Нѣтъ, она мнѣ ничего не говорила.

– Да, мамочка, я знала заранѣе, что ты не будешь противъ.

– Конечно, душа моя, во всякое другое время я очень рада, но сегодня, къ сожалѣнію, никакъ не могу оставить mademoiselle Hélène; ты видишь, сколько къ намъ пріѣхало неожиданныхъ гостей, ихъ надо размѣстить съ комфортомъ и удобствомъ; не смотря на то, что квартира наша обширна, для нее положительно не хватитъ мѣста.

– Какъ же она теперь одна будетъ возвращаться?

– Мы дадимъ лакея проводить до извозчика.

– Не надо, я не боюсь,– отозвалась Леночка, а у самой, какъ говорится, душа въ пятки ушла при одной мысли о томъ, какимъ образомъ она дома объяснитъ свое неожиданное появленіе, и какъ доберется одна въ такую позднюю пору.

– Петръ, проводите барышню до извозчика,– приказала г-жа Немирова лакею.

– Слушаю, сударыня,– отозвался послѣдній.

– А ты, Любочка, помоги mademoiselle Hélène одѣться; я на-дняхъ сама буду къ вашей maman, очень извинюсь, что вышла такая неловкая вещь, и объясню, что всю путаницу надѣлала Любочка, которая безъ моего вѣдома васъ пригласила.

Услыхавъ намѣреніе г-жи Немировой объяснить все ея матери и самой пріѣхать въ ихъ мизерную квартиру, Леночка окончательно растерялась.

"Вотъ тебѣ и сила характера!– подумала она, прощаясь съ хозяевами: – съ какими глазами я теперь покажусь домой?" Лакей между тѣмъ открылъ дверь, Леночка спустилась съ лѣстницы.

– Ей, извозчикъ! извозчикъ!– кричалъ Петръ, оборачиваясь на всѣ стороны, но извозчика по близости не оказалось.

– Барышня, повернемте направо въ улицу,– предложилъ лакей: – у трактира скорѣе найдемъ.

Леночка молча перешла черезъ дорогу и послѣдовала за лакеемъ; въ улицѣ дѣйствительно около подъѣзда трактира оказался сладко спавшій въ дрожкахъ извозчикъ. Петръ принялся будить его, извозчикъ нехотя открылъ заспанные глаза, лѣниво вытянулъ руки и, зѣвнувъ на всю улицу, сначала отрицательно покачалъ головою, а потомъ, снова уткнувшись въ грудь подбородкомъ, громко захрапѣлъ.

– Что же ты молчишь, нѣмой что ли?– грубо спросилъ его Петръ и опять толкнулъ въ спину.

– Занятъ!– процѣдилъ онъ сквозь зубы, повидимому, нисколько не обидѣвшись полученными толчками.

– Давно бы такъ и сказалъ; пойдемте, барышня, дальше, найдемъ другого.

Леночка зашагала дальше; ее нисколько не тревожила мысль, найдутъ ли они извозчика, но она съ безпокойствомъ думала о томъ, какимъ образомъ объяснить домашнимъ причину своего неожиданнаго возвращенія. Она даже въ душѣ была рада, что извозчикъ отказался везти,– по крайней мѣрѣ, больше останется времени сообразить, какъ бы половчѣе выпутаться изъ бѣды. Но вотъ, наконецъ, къ крайнему

99

неудовольствію дѣвочки, Петръ отыскалъ дрожки, усадилъ ее и, раскланявшись почтительно, пошелъ обратно. Леночка покатила домой. Буренькая лошаденка бѣжала далеко не такъ быстро, какъ рысаки Немировыхъ; дрожки тоже оказались не настолько покойными, какъ ихъ щегольская коляска; они заѣзжали въ каждую колею, безпрестанно шли бокомъ, а Леночка чувствовала, что ее подкидываетъ то вправо, то влѣво и, держась за кучера и увидавъ передъ собою длинную темную улицу съ цѣлымъ рядомъ мерцающихъ фонарей, невольно струхнула.

– Барышня, а барышня,– вдругъ окликнулъ ее извозчикъ,– который же тутъ вашъ домъ, мы пріѣхали.

Леночка подняла голову.

– Это совсѣмъ не нашъ домъ,– отвѣчала она;– даже и не та улица.

– Вотъ еще, не та улица!– я не спалъ вѣдь, когда меня нанимали.

– Да нѣтъ же, голубчикъ, могу тебя увѣрить, ты ошибся.

– Ну, ужъ этого, матушка-барышня, быть не можетъ? Слава тебѣ Господи, не первый годъ ѣзжу въ извозѣ; васъ еще, я думаю, на свѣтѣ не было, какъ я уже на козлахъ сидѣлъ. Вы сами, должно быть, свой домъ не узнали.

– Наша улица дальше, за угломъ; вотъ тамъ, гдѣ церковь, видишь?

– Вижу, только не поѣду; извольте слѣзать, да пѣшкомъ идти, потому что потомъ вы опять скажете "поѣзжай дальше!", а у меня лошадь безъ того устала.

– Не скажу я этого, когда ты. подвезешь меня куда слѣдуетъ!

– Нѣтъ, какъ вамъ угодно, дальше не поѣду,– отвѣчалъ извозчикъ и, потянувъ возжи, остановилъ лошадь.

Леночка тихо заплакала.

– Что же, барышня, сидите-то?– слѣзайте! Вѣдь сами говорите, домъ не далеко, такъ почему же не желаете пѣшкомъ пройтись?

– Потому что боюсь; теперь темно.

– Никто не куситъ, здѣсь не лѣсъ, волковъ нѣтъ.

Леночка, вмѣсто отвѣта, залилась слезами, и все-таки не сходила съ дрожекъ.

– Слѣзайте же!– настаивалъ извозчикъ:– мнѣ нѣтъ времени съ вами разговаривать: хозяинъ забранитъ, коли вернусь слишкомъ поздно; скажетъ "лошадь уморилъ!" Онъ у насъ такой сердитый, что бѣда.

– Но мнѣ даже заплатить тебѣ нечѣмъ,– уже сквозь рыданія отвѣчала бѣдная маленькая дѣвочка.

– Еще того лучше! Какъ же, не имѣя въ карманѣ денегъ, извозчика нанимаете?

– Дома мама отдастъ за меня, только поѣзжай скорѣе.

Извозчикъ замолчалъ; нѣсколько минутъ онъ оставался въ глубокомъ раздумьѣ, снять ли ему дѣвочку съ дрожекъ силою и ѣхать на квартиру, не получивъ ни копѣйки, или ужъ довезти до конца. Затѣмъ, очевидно, рѣшившись на послѣднее, ударилъ кнутомъ по спинѣ своей усталой лошаденки, которая, вслѣдствіе боли и неожиданности, сдѣлала такой внезапный прыжокъ, что Леночка чуть не полетѣла черезъ голову назадъ.

— Я довезу васъ до дому,— говорилъ извозчикъ:— но вы за это заплатите мнѣ вдвое.

— А за сколько тебя нанялъ человѣкъ?

— За сорокъ копѣекъ; слѣдовательно, теперь вы должны будете отдать всемь гривенъ.

"Боже мой!— подумала Леночка:— сила характера обойдется очень дорого, не только мнѣ, но и моимъ бѣднымъ родителямъ: восемь гривенъ для нихъ большія деньги; папа навѣрное будетъ очень недоволенъ, а больше ничего не оставалось дѣлать? Противная, гадкая Любочка, это она все виновата, подстрекнула меня. Нѣтъ, ужъ больше никогда въ жизни не буду стараться казаться самостоятельною и хвастать силою характера..."

— Ну, добрались, что ли?— опять обратился къ ней извозчикъ грубымъ голосомъ:— или еще велите ѣхать дальше?

Леночка съ радостью узнала знакомую улицу и домъ.

— Вотъ, вотъ, къ этому подъѣзду,— отвѣчала она, указывая пальчикомъ.

Дрожки остановились, она соскочила на тротуаръ и подбѣжала къ двери- но прежде, чѣмъ рѣшиться постучать или позвонить, долго собиралась съ духомъ. Наконецъ, сдѣлавъ надъ собою усиліе, дернула колокольчикъ.

— Кто тамъ?— раздался заспанный голосъ Акулины.

— Свои, отоприте.

— Господи! Отцы родные! голосъ Ленушки!

И Акулина отворила дверь.

— Кто тамъ, что случилось?— крикнулъ самъ Прутковъ.

— Ничего, Ленушка пріѣхала,— отозвалась Акулина, продолжая съ недоумѣніемъ смотрѣть на дѣвочку.

— Ленушка? неужели?

И мама, на-скоро накинувъ капотъ, тоже вбѣжала въ прихожую.

— Что это значитъ, дитя мое, почему ты воротилась ночью?— допытывалась она тревожно, замѣтивъ сильное волненіе дочери.

Леночка, вмѣсто отвѣта, бросилась ей на шею, залилась горючими слезами и долго, долго не могла проговорить ни слова... На лѣстницѣ, между тѣмъ, опять послышались чьи-то шаги, и снова раздался звукъ неистово задребезжавшаго надъ самымъ ухомъ Акулины колокольчика.

— Съ нами сила крестная!— проговорила послѣдняя, сдѣлавъ съ испугу такой уморительный прыжокъ, что, глядя на нее, не было возможности удержаться отъ смѣха.

— Это... это... это... извозчикъ...— пояснила Леночка,— ему надо отдать деньги.

— Сейчасъ, другъ мой, сколько?

— Ахъ, мамочка, такъ много, что я не рѣшаюсь даже выговорить.

— Да отопри же ему, Акулина,— сказалъ Прутковъ: — вѣдь онъ всѣ двери изломаетъ.

Извозчикъ дѣйствительно немилосердно стучалъ кулаками.

— Что же, барышня, мои деньги-то забыли!— проговорилъ онъ сердито, когда Акулина впустила его въ прихожую.

— Сколько тебѣ надобно?— спросилъ папа.

У Леночки сердце такъ и дрогнуло.

— Восемь гривенъ.

— Восемь гривенъ! Да ты съума сошелъ; я знаю вѣдь откуда привезъ барышню.

— Знаете, откуда привезъ, а не знаете, гдѣ мы были.

— Какъ гдѣ были?

— Да такъ; заѣхали въ чужую улицу, пришлось назадъ ворочаться и сдѣлать большой кругъ.

— Это уже твоя вина.

— Почему?

— Значитъ, ты не знаешь дороги.

Извозчикъ, котораго подобное замѣчаніе очевидно задѣвало за живое, снова принялся доказывать, что ничего подобнаго съ нимъ никогда не можетъ случиться.

— Тогда зачѣмъ же ѣхать въ чужую улицу?

— Меня такъ наняли.

— Неправда,— вмѣшалась Леночка, все время молча слушавшая перебранку:— тебѣ улицу назвали вѣрно, а ты забылъ или не разслышалъ.

— Вотъ еще, разсказывайте!

Прутковъ долго спорилъ, стараясь всѣми силами отвоевать хотя половину назначенной извозчикомъ суммы, но послѣдній твердо стоялъ на своемъ, и до того кричалъ, что въ концѣ-концовъ пришлось согласиться.

Леночка, обливаясь слезами, чистосердечно исповѣдалась матери во всемъ; самое трудное было для нея сознаться въ томъ, что, желая доказать подругѣ свою самостоятельность и силу характера, она рѣшилась солгать мамѣ въ глаза, когда та пришла звать ее домой.

— Ну, Леночка, разорила ты насъ на цѣлый рубль почти,— сказалъ отецъ, войдя въ гостиную, гдѣ происходило объясненіе.

— Знаю, папочка, что очень, очень виновата передъ тобою и мамою, но прости меня, не сердись!.. На будущее время я никогда ничего подобнаго не сдѣлаю, и измѣнюсь во всѣхъ отношеніяхъ къ лучшему...

И дѣйствительно, съ этого достопамятнаго дня, Леночка совершенно переродилась: стала входить въ положеніе родителей, помогала мамѣ хозяйничать, не требовала, чтобы ей покупали наряды, и разъ навсегда отказалась отъ мысли хвастать передъ кѣмъ бы то ни было самостоятельностью и силою характера.

УЖАСНАЯ НОЧЬ

Что бы намъ такое придумать особенное?— сказалъ однажды Коля Левинъ, сидя въ саду вмѣстѣ съ своей сестрой Надей и двумя ея подругами, Вѣрочкой и Наташей — дочерями сосѣдняго помѣщика, которыя пріѣхали погостить на нѣсколько дней.

— Пойдемте въ лѣсъ за грибами...

— Будемъ играть въ кошки-мышки.

— Отправимся въ оранжерею, садовникъ покажетъ намъ цвѣты,— разомъ предложили три дѣвочки.

— Нѣтъ,— отозвался Коля: — все это вещи очень обыкновенныя, а мнѣ хочется чего нибудь особеннаго.

— А вотъ что,— сказала Надя:— возьмемъ нашего маленькаго ослика, запряжемъ въ плетеную телѣжку и поѣдемъ кататься куда нибудь далеко, далеко...

— Ахъ, въ самомъ дѣлѣ, какая превосходная мысль! мама навѣрное не будетъ имѣть ничего противъ.

— Конечно; ослик очень смирный, кататься на немъ безопасно.

— И знаешь что,— добавилъ Коля:— наберемъ съ собою провизіи, подушекъ, разнаго хлама и уложимъ на телѣгу, какъ дѣлаютъ цыгане.

— Вотъ-то хорошо придумалъ! Молодецъ Коля, намъ бы никогда не пришло въ голову ничего подобнаго.

— Понятно, потому что вы женщины!

— Такъ чтожъ такое что женщины! развѣ женщины неспособны разсуждать точно такъ же какъ мужчины.

— Куда имъ! Но однако, постойте, не перебивайте меня, я еще много что хочу сказать вамъ.

— Ну, ну, хорошо, мы слушаемъ.

— Поклажу надо будетъ размѣстить въ корзины, а самимъ одѣться въ какое нибудь старое платье для того, чтобы больше походить на цыганъ; у тебя кажется есть нѣсколько красныхъ фланелевыхъ юбокъ?— обратился онъ къ Надѣ.

— Есть.

— Ну вотъ и отлично; онѣ какъ разъ будутъ подходить къ цыганскому костюму.

— Это правда, въ особенности если сверху черезъ плечо перекинуть клѣтчатый платокъ, а на шею нѣсколько нитокъ коралловъ.

— Нашъ туалетъ, значитъ, готовъ; остается подумать о тебѣ.

— Обо мнѣ не безпокойтесь; я наряжусь такъ, что не только мама, но и вы меня не узнаете.

И Коля принялся подробно списывать дѣвочкамъ, какъ и во что онъ нарядится. Разговоръ на эту тему продолжался довольно долго; наконецъ кто-то изъ присутствующихъ замѣтилъ, что терять понапрасну времени не слѣдуетъ, и шумная ватага будущихъ цыганъ весело побѣжала въ комнату матери просить разрѣшенія. Получивъ его, тотчасъ же начались сборы. Добрая старушка-няня Мироновна, безгранично любившая дѣтей, отнеслась къ ихъ хлопотамъ очень сочувственно; она сама пошла въ кухню, на скорую руку смастерила сладкій пирогъ, достала изъ буфета нѣсколько мягкихъ булочекъ, приказала горничной набрать ягодъ, принесла цѣлую дюжину персиковъ, приготовила питье и все это поставила на столъ въ столовую. Надя и Вѣрочка взяли на себя трудъ уложить корзинки, Наташа подшивала одну изъ фланелевыхъ юбокъ, которая оказалась для нея немного длинной; Коля пошелъ съ помощью кучера смазывать колеса тележки и запрягать осла,– словомъ, работа кипѣла ключомъ, такъ что менѣе чѣмъ черезъ часъ все было готово, уложено, снесено на возъ и дѣвочки, переодѣтыя цыганками, уже стояли на балконѣ въ ожиданіи прихода ихъ единственнаго кавалера, который почему-то замѣшкался.

– Коля, скорѣе!– нетерпѣливо кричали онѣ: – ты слишкомъ долго одѣваешься, мы уѣдемъ безъ тебя, торопись же.

– Сейчасъ!– кричалъ мальчикъ изъ сосѣдней комнаты и между тѣмъ все еще не появлялся.

– Это наконецъ несносно,– сказала Надя:– я сама пойду за нимъ,– и уже направилась было къ двери, какъ вдругъ послѣдняя поспѣшно отворилась, на порогѣ показался Коля, но, Боже мой, какой онъ былъ уморительный! Длинная красная рубашка, съ плеча садовника Ивана, сидѣла на немъ точно на вѣшалкѣ; старыя стоптанныя туфли Мироновны, привязанныя къ ногамъ просто веревочкою, шлепали при малѣйшемъ движеніи; розовое улыбающееся личико было обрамлено густой окладистой бородой, сдѣланной изъ льна и весьма ловко прикрѣпленною резинкою; на кудрявой головкѣ красовалась молодецки закинутая на бекрень барашковая шапка.

– Коля!– въ голосъ вскричали дѣвочки, и разразились громкимъ хохотомъ.

– Я вовсе не Коля,– басомъ отвѣчалъ маленькій мальчикъ:– меня зовутъ дядюшка Максимъ, прошу относиться почтительно.

Дѣвочки со смѣхомъ и криками начали взбираться на тележку, дядюшка Максимъ стегнулъ ослика и поѣздъ тронулся въ путь.

– Къ обѣду будьте непремѣнно дома,– крикнула мама:– и дальше парка никуда не ѣздите, въ особенности не забирайтесь въ лѣсъ, гдѣ очень легко заблудиться.

— Будь покойна, мамочка, явимся аккуратно,— отвѣчали дѣти и, торжественно выѣхавъ за ворота усадьбы, скоро окончательно скрылись изъ виду.

— Какъ хорошо, какъ весело!— повторяли дѣвочки: — и какъ всѣ мы дѣйствительно похожи на цыганъ, въ особенности ты, Надя, съ твоими прекрасными черными глазами.

— Жаль только, что волосы свѣтлые; цыганки вообще, кажется, бываютъ брюнетки.

— Ну, это ничего, никто не замѣтитъ.

— А и замѣтитъ, такъ не бѣда, могутъ подумать, что она уже состарѣлась и посѣдѣла.

— Нѣтъ, я этого не хочу,— возразила Надя:— старыя цыганки отвратительны; я лучше надвину платокъ на самыя брови, чтобы никто не видалъ моихъ волосъ.— Примѣру ея послѣдовали остальныя.

— Если намъ попадется кто-нибудь навстрѣчу, мы остановимъ и предложимъ погадать,— заговорила опять Надя, успокоившись, что теперь никто не приметъ ее за старуху.

— Конечно, только надо заранѣе придумать, что именно говорить.

По этому поводу опять завязалась продолжительная бесѣда; всѣ три дѣвочки спорили и кричали въ голосъ, стараясь другъ передъ другомъ скорѣе высказать свою мысль; одинъ только Коля не принималъ участія въ разговорѣ, потому что былъ слишкомъ озабоченъ своею ролью кучера, роль, которая, скажемъ между прочимъ, давалась ему чрезвычайно трудно; онъ до того сильно дергалъ возжи, что несчастный оселъ, не понимавшій, чего отъ него требовали, то внезапно останавливался, то, подгоняемый сильными ударами кнута, снова бѣжалъ дальніе и не прямо по дорогѣ, а бросался вправо и влѣво; телѣжка выдѣлывала невообразимые зигзаги по камнямъ, колеямъ и кочкамъ, рискуя каждую минуту опрокинуться въ канаву. Сначала дѣвочкамъ это нравилось, но потомъ должно быть надоѣло; онѣ начали просить дядюшку Максима ѣхать осторожнѣе.

— А что?— отозвался онъ басомъ.

— Трясетъ очень!

— Вотъ еще, трясетъ! Какія нѣженки, цыганки должны привыкать ко всему.

Эти послѣднія слова произвели на дѣвочекъ сильное впечатлѣніе: "цыганки должны привыкать ко всему" подумали онѣ и, желая доказать, что дѣйствительно настоящія цыганки, старались молча переносить толчки и даже казаться этимъ какъ будто довольными. Телѣжка между тѣмъ продолжала нырять по-прежнему.

– Хотя бы кто-нибудь попался навстрѣчу да попросилъ погадать, тогда бы волей-неволей пришлось остановиться,– шепнула Надя на ухо сидѣвшей рядомъ Вѣрочкѣ.

– Точно на бѣду, ни одной живой души не видно,– отозвалась послѣдняя, едва сдерживая слезы.

– А вотъ постой, я сейчасъ скажу Колѣ, что мы проголодались и хотимъ завтракать. Коля,– окликнула она брата.

Онъ не поворачивался.

– Коля, а Коля,– повторяли другія дѣвочки.

Коля сердито оглянулся.

– Говорятъ вамъ, что я не Коля!– сказалъ онъ очень недовольнымъ тономъ.

– Прости, мы все забываемъ; дядюшка Максимъ.

– Ну, вотъ такъ-то лучше; что надобно?

– Не худо бы перекусить чего. какъ ты думаешь?

– Пожалуй, можно; вотъ тутъ на лужайкѣ хорошо будетъ?

– Отлично, отлично,– отвѣчали цыганки, которыя готовы были расположиться не только на лужайкѣ, но даже просто въ канавѣ, лишь бы сойти скорѣе съ телѣги, гдѣ, благодаря искусству импровизированнаго кучера, ихъ до того трясло, что онѣ чуть не откусили себѣ языки.

– Давайте остановимтесь; я выпрягу осла и озабочусь припасти травы, а вы распорядитесь съ закускою,– сказалъ Коля, моментально исполнивъ желаніе дѣвочекъ, которыя, спустившись на землю, вздохнули свободнѣе и торопливо принялись за дѣло.

Доставъ изъ корзинки чистую скатерть, онѣ разостлали ее на травѣ, поставили четыре прибора, графины и прочія принадлежности, которыя старушка Мироновна дала имъ съ собою; затѣмъ вынули пирогъ, персики, варенье, булки, лимонадъ, очень долго трудились надъ тѣмъ, чтобы это было красиво разложено и разставлено. Когда, наконецъ, все оказалось совершенно готовымъ, онѣ съ гордостью подозвали Колю.

– Это что такое?– спросилъ онъ недовольнымъ голосомъ.

– Какъ что такое! наша закуска, развѣ ты не видишь?

– Да; но развѣ эта сервировка похожа на цыганскую? Цыгане, я думаю, во снѣ-то не видали ничего подобнаго. Вы накрыли такъ, какъ накрываютъ у господъ; цыгане ѣдятъ просто безъ скатертей, безъ ножей и вилокъ, даже безъ тарелокъ. Я не хочу прикасаться къ этому завтраку.

И, надувъ пухленькія губки, дядюшка Максимъ отошелъ въ сторону. Дѣвочки чуть не плакали; имъ, во-первыхъ, было обидно, что труды пропали даромъ, во-вторыхъ, досадно на себя за то, что не умѣли разыграть какъ слѣдуетъ роли цыганокъ, въ-третьихъ, онѣ боялись насмѣшекъ Коли, который всегда любилъ подтрунивать; но, тѣмъ не менѣе, дѣло было сдѣлано, прошлаго не воротить, оставалось одно, какъ-нибудь по возможности исправить ошибку; и вотъ дѣвочки, посовѣтовавшись между собою, начали молча перетаскивать продукты къ тому мѣсту, гдѣ сидѣлъ Коля. Покидавъ все на траву, онѣ расположились около.

— Ну, что-жъ, дядюшка Максимъ,— заговорила Надя, стараясь придать своему голосу какую-то особенную интонацію: — давай закусывать.

— Давайте, молодушки,— отвѣчалъ мальчикъ, самодовольно поглаживая свою льняную бороду, и повелъ рѣчь о томъ, какъ не красна жизнь цыганская, и какъ имъ приходится съ утра до ночи оставаться подъ открытымъ небомъ да довольствоваться самою грубою пищею.

Говоря это, Коля съ наслажденіемъ клалъ въ ротъ огромные куски вкуснаго пирога и запивалъ ихъ лимонадомъ; дѣвочки дѣлали тоже самое и, печально склонивъ головки, слушали его съ большимъ вниманіемъ:

— Ну, довольно; торопитесь, маршъ въ дорогу!— крикнулъ вдругъ Коля, и соскочивъ съ мѣста, подбѣжалъ къ ослу, чтобы запрягать его; ослику повидимому очень не хотѣлось позволить надѣть на себя хомутъ, узду и прочую сбрую, но дѣлать было нечего, пришлось повиноваться; менѣе чѣмъ черезъ десять минутъ бѣдняга уже снова стоялъ впряженнымъ въ тележку и покорно ожидалъ, когда ему прикажутъ двинуться въ путь.

— Что же вы, молодицы? поворачивайтесь скорѣе!— крикнулъ Коля на дѣвочекъ, которыя и безъ того торопились, какъ только могли, складывать остатки закуски и посуду въ корзины; на лужайкѣ уже лежало нѣсколько осколковъ разбитыхъ тарелокъ и стакановъ, но имъ было не до того, чтобы заботиться о совершенно лишнихъ для цыганъ предметовъ; онѣ думали только объ одномъ; "пора молъ въ путь-дорогу", и чѣмъ больше торопились, тѣмъ больше били и колотили все, что попадалось подъ руки. Но вотъ наконецъ корзина снова стоитъ на возу, на ней попрежнему сидятъ три барышни-цыганки, Коля тряхнулъ возжами, ослик зашагалъ впередъ.

— Зачѣмъ мы въ самомъ дѣлѣ не родились цыганами,— сказала Надя;— ихъ жизнь право завиднѣе нашей!

— Тысячу разъ,— замѣтили остальныя.

— Намъ такъ мало свободнаго времени для игръ и прогулокъ, все только и думай объ урокахъ; то учитель математики зоветъ, то урокъ музыки надо приготовить.

— Да, это ужасно; они же съ утра до ночи гуляютъ себѣ, да поютъ пѣсни; то ли, подумаешь, не счастіе!

"Мы живемъ среди полей: и лѣсовъ дремучихъ"

затянулъ Коля, дѣвочки подхватили, и звукъ четырехъ дѣтскихъ голосковъ далеко раздавался въ воздухѣ.

– А зимой имъ еще лучше живется на свѣтѣ,– снова заговорилъ Коля, когда пѣніе умолкло.

– Почему ты такъ полагаешь?

– Потому, что должно быть очень весело остановиться на ночлегъ въ лѣсу, когда всѣ деревья покрыты инеемъ, а на снѣгу пылаетъ костеръ.

– Да, Надя, твоя правда; въ особенности, я думаю, со стороны красиво смотрѣть на подобную картину.

– А самимъ-то имъ развѣ не пріятно? всегда они въ большомъ обществѣ – всѣ вмѣстѣ, тутъ же и сидятъ, и пѣсни поютъ, и ужинъ варятъ.

– Только холодно иногда навѣрное бываетъ.

– Ну, это не большая бѣда, на то есть шубы, костеръ.

– Наконецъ, въ лѣсахъ, говорятъ, иногда попадаются такіе шалашики которые эти же самые цыгане устраиваютъ или изъ земли, или изъ груды сухихъ листьевъ и, переселяясь съ мѣста на мѣста, не разрываютъ для того, чтобы потомъ онѣ могли пригодиться ихъ товарищамъ.

– Я даже знаю навѣрное, что такой шалашикъ есть въ нашемъ лѣсу.

– Неужели, Коля, отъ кого ты слышалъ?

– Садовникъ Иванъ разсказывалъ.

– Кто же тамъ живетъ?

– Никто, конечно.

– Тогда почему папа не велитъ срыть его?

– Зачѣмъ? онъ никому не мѣшаетъ, а въ дурную погоду еще служитъ убѣжищемъ пастуху.

Хорошо было бы посмотрѣть этотъ шалашикъ, далеко онъ, какъ ты думаешь?

– Верстъ пять, говорятъ; однимъ словомъ, въ самой глубинѣ лѣса.

– Не проѣхать ли туда?– предложилъ Коля.

– Нѣтъ, это возьметъ слишкомъ много времени – мама будетъ безпокоиться.

– Но мы поѣдемъ скоро.

– Нѣтъ, далеко, не надо; лучше въ другой разъ.

– Ахъ вы, трусихи,– отозвался Коля и, взглянувъ на своихъ спутницъ, насмѣшливо улыбнулся. Это задѣло дѣвочекъ за-живое; чтобы доказать, что онѣ вовсе не трусихи, Надя первая предложила сейчасъ же ѣхать въ лѣсъ; другія тоже согласились.

– Вотъ такъ-то лучше! А то какія вы цыганки, всего боитесь; ну теперь, чтобы дорога не показалась слишкомъ длинною, давайте пѣть какую-нибудь цыганскую пѣсню.

– Давайте; только какую? Опять: "Мы живемъ среди полей".

– Нѣтъ, что нибудь новенькое.

– Хорошо, запѣвай, мы подтянемъ.

Коля поправилъ на головѣ шапку, стегнулъ несчастнаго ослика, который замѣтно уже началъ чувствовать усталость, и запѣлъ:

> Праздникомъ свѣтлымъ
> Вся жизнь предо мною
> Развернулась, улыбнулась
> Упоительна, рѣзва.
> Я играю, слезъ не знаю
> Мнѣ все въ жизни

"Трынъ-трава!" – хоромъ подхватили дѣвочки, хлопая въ ладоши.

– Браво,– крикнулъ въ заключеніе Коля и пришелъ въ такой неописанный восторгъ, что, привставъ на мѣстѣ, ни съ того, ни съ сего принялся съ силою передергивать возжи во всѣ стороны; осликъ, окончательно выбившійся изъ силъ, въ первую минуту рванулъ вправо, потомъ остановился, началъ лягаться, мотать головою и пятиться. Коля разсердился и, высоко поднявъ руку, осыпалъ бѣдное животное цѣлымъ градомъ ударовъ кнута.

Надя хотѣла удержать его, но это не помогло; тогда осликъ, собравъ вѣроятно послѣднія силы, вдругъ рванулъ впередъ, постромки хрустнули, оборвались, тележка опрокинулась, а осликъ, высвободившись изъ рукъ своего мучителя, побѣжалъ въ лѣсъ такъ скоро, какъ только могъ.

– Ай, ай, ай, ай!– кричали дѣвочки, очутившись на травѣ, одна подъ другою: "Я совсѣмъ не могу пошевелить рукою!", "Я страшно расшибла ногу!", "А я въ кровь разцарапала лицо!" кричали они въ голосъ.

Коля тоже пострадалъ не менѣе остальныхъ; онъ едва держался на ногахъ, но, несмотря на это, первый пришелъ въ себя, постарался оказать помощь дѣвочкамъ, а затѣмъ, прихрамывая, отправился по слѣдамъ ослика, который, угловато прогалопировавъ нѣсколько минутъ, стоялъ теперь неподвижно около опушки лѣса.

Коля больше не сердился, онъ понималъ въ душѣ, что былъ самъ виноватъ кругомъ, и потому, ласково потрепавъ по спинѣ ослика, тихо повелъ обратно къ мѣсту катастрофы, гдѣ дѣвочки сидѣли пригорюнившись; костюмы ихъ были изорваны, личики выражали испугъ и страданіе, онѣ ни слова не говорили между собой, а только тихо всхлипывали. Коля попытался связать оборванныя постромки, но сколько ни трудился, толку не вышло никакого. На дворѣ, между тѣмъ, начало смеркаться; дѣти упали духомъ, они сообразили всю безвыходность своего положенія, сообразили, что до дому было очень далеко, въ особенности теперь, когда приходилось возвращаться пѣшкомъ, и съ болью въ душѣ думали о томъ, какъ должны тревожиться ихъ родители.

— Что же мы, однако, сдѣлаемъ,— сказала Надя; — неужели придется ночевать въ лѣсу?

— Это невозможно; дома съума сойдутъ отъ безпокойства.

— Но другого исхода нѣтъ,— сказалъ Коля, на котораго какъ на мальчика, и вдобавокъ старшаго изъ всѣхъ четверыхъ, было обращено общее вниманіе.

— Барышни-цыганки горько расплакались.

— Слезами горю не поможешь!— замѣтилъ онъ серьезно, причемъ самъ едва сдерживалъ рыданія:— надо лучше пробраться въ лѣсъ, тамъ будетъ безопаснѣе.

Надя, Вѣрочка и Наташа машинально встали съ мѣста и молча послѣдовали за Колей, который съ ихъ помощью на себѣ тащилъ телѣжку; къ телѣжкѣ былъ привязанъ осликъ. Войдя наконецъ въ густую чащу лѣса, они съ ужасомъ оглянулись по сторонамъ. Все кругомъ было тихо, покойно, но эта самая тишина, это самое спокойствіе придавали еще болѣе страху; куда не оглянешься — вездѣ только и видны одни густыя развѣсистыя деревья, верхушки которыхъ такъ плотно прилегали одна къ другой, что между ними почти совсѣмъ не было видно неба. Днемъ туда никогда не проникали солнечные лучи, слѣдовательно, не трудно было представить, какая непроглядная тьма царствовала тамъ ночью. Дѣти, сами не зная зачѣмъ, куда и для чего, медленно подвигались впередъ по извилистой тропинкѣ; тропинка была такъ узка, что идти рядомъ оказалось невозможнымъ; маленькіе путешественники шли другъ за другомъ на цыпочкахъ, словно боялись испугать кого-то, и въ то же время пугались собственныхъ шаговъ. Утомленныя продолжительной ходьбой ножки ихъ безпрестанно скользили по мягкому свѣжему мху и натыкались на пни да корни, причинявшіе порою такую сильную боль, что онѣ чуть не кричали... Но это все еще было сносно въ сравненіи съ той минутой, когда открывавшая шествіе Наташа — самая храбрая изъ трехъ дѣвочекъ — вдругъ объявила, что тропинка кончается, и дальше идти нѣтъ возможности. Несчастныя малютки положительно пришли въ отчаяніе; крѣпко прижавшись другъ къ другу, онѣ стояли молча до тѣхъ поръ, пока вдругъ, на ихъ счастіе, выглянувшій изъ-за тучи мѣсяцъ облилъ матовымъ серебристымъ свѣтомъ окружающее пространство и, пробиваясь сквозь густую чащу сплошныхъ почти деревьевъ, освѣщалъ находившуюся по близости небольшую прогалину.

— Мы спасены,— радостно воскичалъ Коля: — бѣжимте скорѣе впередъ, я вижу шалашикъ, онъ недалеко. мы можемъ спокойно переночевать въ немъ.

Вся компанія немедленно ускорила шагъ и живо добралась до низкаго, сдѣланнаго изъ сухихъ прутьевъ шалашика.

– Коля, ты говорилъ, кажется, что въ подобныхъ шалашикахъ обыкновенно укрываются цыгане?– съ ужасомъ замѣтила Надя.

– Да, но что же изъ этого?

– Какъ что? а если они тамъ теперь? или же придутъ вскорѣ, какъ мы расположимся?

– Не бойся, этого случиться не можетъ, потому что цыгане пользуются ночлегомъ подъ крышей только въ случаѣ дурной погоды, а въ такой теплый сухой вечеръ, какъ сегодня, для нихъ гораздо пріятнѣе спать подъ открытымъ небомъ.

Маленькая публика, относившаяся къ словамъ Коли съ полнымъ довѣріемъ, на этотъ разъ тоже успокоившись, живо добралась до шалашика; дѣвочки первыя вошли или, вѣрнѣе выразиться, вползли, такъ какъ отверстіе, замѣнявшее собою дверь, было очень узко. Коля остался на полянкѣ во-первыхъ для того, чтобы достать изъ телѣжки длинную веревку и на ночь привязать ослика къ дереву, а во-вторыхъ, снять корзины, гдѣ заключались остатки вкусной закуски. Когда то и другое было сдѣлано, дѣвочки снова вылѣзли изъ берлоги, приподняли крышку плетеной корзины, разсчитывая вкусно поужинать, но къ общему ужасу въ ней, вѣроятно вслѣдствіе случившейся катастрофы, оказалась такая каша, что трудно передать. Поломанные кусочки сладкаго пирога были залиты лимонадомъ, часть тарелокъ оказалась перебитою, стакановъ тоже; персики размялись совершенно, превратились въ одну массу и насквозь пропитали своимъ сокомъ лежавшія около булки; однимъ словомъ, ни къ чему нельзя было прикоснуться безъ риска – или поранить себѣ руки валявшимися повсюду осколками стекла и фарфора, или положить въ ротъ что нибудь очень невкусное.

– Придется лечь безъ ужина,– грустно порѣшила компанія и, съ досады снова захлопнувъ корзинку, отправилась на покой. Въ шалашикѣ было однако не особенно пріятно; земля, которая замѣняла собой не только кровать, но и матрасъ, оказалась сырою, вмѣсто подушекъ пришлось довольствоваться грудою сухихъ листьевъ, гдѣ отъ времени до времени очевидно копошились какія-то букашки, потому что вдругъ безо всякой постороннней причины начинался шорохъ; дѣти пугались, вскакивали, шарили вокругъ себя, но въ концѣ-концовъ пришли къ убѣжденію, что, за неимѣніемъ лучшаго, надо все-таки довольствоваться этимъ ночлегомъ – и вставъ на колѣни, принялись молиться.

– Ложитесь съ Богомъ,– сказалъ Коля, когда молитва была окончена.

– А ты?

– Я посижу; мнѣ спать еще не хочется.

Дѣвочки вынули изъ кармановъ носовые платки, прикрыли ими изголовья, легли и зажмурили глазки, но сонъ, несмотря на сильную физическую усталось, казалось, не думалъ приходить къ нимъ; ихъ очень тревожила мысль о томъ, какъ безпокоится теперь, какъ должна страдать бѣдная мама.. какъ волнуется папа... какія мученія переживаетъ старушка Мироновна. Коля думалъ то же самое, а кромѣ того еще начиналъ чувствовать страхъ: "Волки почуютъ, пожалуй, присутствіе ослика, они любятъ лакомиться живымъ мясомъ", шепталъ ему какой-то тайный голосъ, и мальчикъ начиналъ сильно стонать и отчаянно ломалъ руки.

– Коля, что съ тобой, ты кажется плачешь?– тревожно окликнула Надя.

– Нѣтъ, ничего, это тебѣ кажется; я сейчасъ лягу.

И дѣйствительно, онъ немедленно нырнулъ въ шалашикъ, но не успѣлъ онъ вытянуть усталыя ноги, какъ вдругъ въ лѣсу, гдѣ-то по близости, раздался сильный шумъ; слышны были совершенно ясно грузные шаги, безъ разбору ступавшіе на сухіе сучья, которые подъ ними немилосердно трещали. Дѣвочки съ ужасомъ приподнялись съ мѣста; всѣ трое прижались къ Колѣ, дрожали точно въ лихорадкѣ и молча смотрѣли сквозь узкое отверстіе своего убѣжища. Шумъ между тѣмъ становился слышнѣе и слышнѣе, скоро можно было даже различать человѣческіе голоса мужчинъ и женщинъ, которые какъ разъ направлялись въ ихъ сторону. Луна свѣтила но прежнему. Наши маленькіе путешественники всѣ, какъ говорится превратились въ слухъ и зрѣніе, хотя при этомъ положительно находились въ какомъ-то странномъ, почти безсознательномъ состояніи. Вотъ увидѣли они, что изъ глубины лѣса, обрамляющаго широкую поляну, показался рослый, плечистый мужчина; онъ говорилъ что-то громко и размахивалъ руками, за нимъ слѣдовала неуклюжая сгорбленная старуха, которая опиралась на палку и съ трудомъ передвигала ноги, за старухою шла молодая женщина, около которой толпилось четверо дѣтей; въ заключеніе шествія шло нѣсколько человѣкъ мужчинъ различнаго возраста; почти всѣ они несли на плечахъ котомки. Выйдя на середину поляны, эта странная компанія остановилась и заговорила на непонятномъ языкѣ; женщины съ ребятами сѣли на траву, мужчины отправились собирать сухіе прутья, для того, чтобы разжечь костеръ. При свѣтѣ ярко пылавшаго пламени, дѣти еще лучше могли разсмотрѣть смуглыя лица незнакомцевъ; всѣ они казались имъ очень странными, въ особенности поражалъ ихъ старикъ, наружность котораго дѣйствительно выходила изъ ряда обыкновенныхъ. Сѣдые косматые волосы висѣли длинными прядями; въ глазахъ выражалось что-то необычайно дикое, онъ грозно вскидывалъ ими по сторонамъ и, отъ времени до времени обращаясь къ старухѣ, говорилъ съ большимъ жаромъ. Въ лицѣ и фигурѣ послѣдней было тоже очень мало привлекательнаго. Молодая женщина, которую окружали дѣти, повидимому, чувствовала себя очень утомленною; она сидѣла молча, черные блестящіе глаза ея выражали смѣлость и отвагу; движенія были рѣзки, угловаты...

— Это цыгане,— прошепталъ Коля: — какіе они страшные, въ особенности старуха со своими длинными костлявыми пальцами.

— Нѣтъ, по моему старикъ ужаснѣе; взгляни на его сѣдую бороду, хохлатые волосы и дикіе глаза, которые бѣгаютъ во всѣ стороны, точно у сумасшедшаго.

— А маленькіе-то, маленькіе-то цыганята, какіе черные, грязные, оборванные.

Пока невидимые наблюдатели дѣлились впечатлѣніемъ, цыгане продолжали совершенно покойно приготовлять свой незатѣйливый ужинъ, состоящій просто изъ краденаго на поляхъ картофеля, да черствыхъ корокъ чернаго хлѣба. Старикъ кричалъ и говорилъ безъ умолку; старуха, растопыривъ костлявые пальцы, грѣла ихъ около огня; молодая женщина и мужчины, очевидно желая въ чемъ-то возразить старику, старались перекричать его. Дѣти съ визгомъ бѣгали кругомъ; словомъ, шумъ и гамъ стоялъ такой, что можно было подумать, что тутъ расположился цѣлый полкъ солдатъ. Наконецъ, старикъ знакомъ подозвалъ къ себѣ одного изъ босоногихъ, одѣтыхъ въ лохмотья цыганенка. Мальчикъ не послушался и, вмѣсто того, чтобы подойти ближе, спрятался за спину матери; старикъ крикнулъ такъ громко, что маленькіе путешественники невольно вздрогнули и спрятались глубже въ шалашикъ. Цыганенокъ между тѣмъ, зная вѣроятно, что грозы не избѣжать, нерѣшительно подвигался къ старику... наступило минутное молчаніе, но затѣмъ старый цыганъ, разразившись гнѣвомъ, принялся, какъ слышно было по интонаціи голоса, сильно бранить за что-то мальчугана; послѣдній попробовалъ открыть ротъ, чтобы отвѣтить, вѣроятно желая оправдаться, но это, напротивъ, вызвало еще большую бурю; старикъ поднялъ руку, и ударъ за ударомъ посылались на спину, ребенка... раздался жалобный стонъ... старикъ не унимался. Тогда молодая женщина вскочила съ мѣста, бросилась защищать малютку, но старикъ въ припадкѣ бѣшенства толкнулъ ее въ грудь такъ сильно, что.она моментально упала на траву; ребенокъ, считая вѣроятно, мать его убитой, закричалъ еще пронзительнѣе. Старикъ схватилъ длинную палку, молодой цыганъ вооружился топоромъ, между ними завязалась драка; тогда старуха, которая въ продолженіе всего времени относилась къ этой ссорѣ совершенно безучастно, стоя съ растопыренными пальцами около, пылавшаго костра, вдругъ подошла къ разъяреннымъ противникамъ,

114

положивъ имъ обѣ руки на плечи, и проговорила что-то громко внушительно. Слова ея произвели магическое дѣйствіе; противники сейчасъ же разошлись въ разныя стороны, все затихло, только изрѣдка слышались еще всхлипыванія ребенка, который теперь, сидя на колѣняхъ матери, давно уже вставшей съ мѣста, начиналъ мало-по-малу успокоиваться и ждалъ съ нетерпѣніемъ, когда дадутъ ему варенаго картофеля; остальные члены семейства, не исключая и участвующихъ въ потасовкѣ, тоже, принялись за ужинъ.

Очевидно, подобныя сцены были для нихъ дѣломъ привычнымъ, потому что всѣ сидѣли рядомъ, какъ ни въ чемъ не бывало и кушали съ большимъ аппетитомъ; луна, между тѣмъ, опять скрылась за облако; въ лѣсу сдѣлалось темно, только костеръ горѣлъ по-прежнему, ярко освѣщая небольшое пространство поляны и смуглыя лица сгруппировавшихся цыганъ. Коля вмѣстѣ со своими спутницами смотрѣлъ не отрывая глазъ; картина была чрезвычайно эффектна, хотя въ то же самое время невольно наводила страхъ; въ особенности дѣтямъ становилось жутко при мысли, что когда на дворѣ будетъ свѣтло, цыгане непремѣнно увидятъ ихъ.

– Не пробраться ли намъ теперь куда-нибудь въ другую сторону?– предложила Надя.

– Оно, пожалуй, не дурно, только вопросъ – куда?

– Этотъ-то вопросъ и трудно рѣшить, потому что неизвѣстно, по какому направленію пойдутъ цыгане.

– Обогнемте поляну слѣва,– совѣтовалъ Коля, и пойдемъ туда, откуда они показались.

– Что ты, Коля, тогда мы навѣрное наткнемся на нихъ.

– Напротивъ; по моему мнѣнію, они скорѣе же пойдутъ впередъ, чѣмъ назадъ.

– Это вѣрно; но все, знаешь ли, какъ-то страшно.

– А оставаться здѣсь до разсвѣта тоже не хочется, они насъ непремѣнно увидятъ.

– Насъ мудрено увидѣть, отверстіе шалашика слишкомъ узко, къ тому же мы можемъ скрыться въ самую глубину; а вотъ ослика и телѣжку трудно спрятать.

– Если дѣло только въ этомъ заключается, то Богъ съ нимъ, съ осликомъ и телѣжкой; оставимъ ихъ здѣсь, а сами отойдемъ немного въ сторону, спрячемся въ кусты,– замѣтила Вѣрочка.

– Ахъ, Вѣра, какая ты право смѣшная; вѣдь увидавъ ослика, они сейчасъ же догадаются, что онъ здѣсь не одинъ и начнутъ заглядывать всюду.

– Но, Боже мой, что же намъ тогда дѣлать?

Дѣвочки опять заплакали горькими слезами.

— " Ау, ау,– вдругъ послышалось гдѣ-то вправо, и вдали раздался конскій топотъ.

— Это еще что такое,– прошепталъ Коля:– ужъ не разбойники ли?

— Разбойники не будутъ кричать на весь лѣсъ, вѣрно кто-нибудь заблудился такъ же, какъ и мы, или же, можетъ быть, цыгане отстали и теперь догоняютъ своихъ.

— Или просто чудится; вѣдь это, говорятъ, иногда бываетъ, особенно ночью.

— Ни то, ни другое, ни третье,– замѣтилъ Коля: – а .– и голосъ его оборвался.

— А-у!– слышалось, между тѣмъ, ближе.

— А что же, что?– допытывались дѣвочки.

— Голосъ, папы... онъ навѣрное въ сопровожденіи прислуги ищетъ насъ по лѣсу.

— Что ты, Коля, неужели?

— Да, да, я не ошибаюсь.

— Въ такомъ случаѣ побѣжимъ на-встрѣчу, крикнемъ, однимъ словомъ, дадимъ знать, что мы тутъ, успокоимъ его и себя.

— Какъ же бѣжать-то? Хорошо, ежели онъ направится сюда, а если въ другую сторону?

Бѣдныя дѣти были въ страшномъ волненіи, и рѣшительно не знали, какъ поступить; голосъ отца, между тѣмъ, слышался настолько ясно, что сомнѣваться въ томъ, что это дѣйствительно онъ, было невозможно.

— Господи! Хотя бы онъ на ослика наткнулся! - молилась Надя; но голосъ, который дѣйствительно принадлежалъ отцу, раздавался уже въ совершенно противоположномъ направленіи.

Страдавшій душою о пропавшихъ безъ вѣсти дѣтяхъ, Иванъ Михайловичъ – такъ звали пану Нади и Коли – рѣшился вслѣдствіе убѣдительныхъ просьбъ жены ѣхать отыскивать ихъ въ лѣсъ, несмотря на позднюю пору; взявъ съ собою кучера, двухъ конюховъ и лакея, онъ рыскалъ во всѣ стороны, но поиски оказались безуспѣшными; судьба какъ разъ натолкнула его на то мѣсто, гдѣ находились дѣти, и будучи почти въ нѣсколькихъ шагахъ отъ шалаша, онъ вдругъ почему-то круто свернулъ влѣво. Цыгане же, услыхавъ неожиданный крикъ и лошадиный топотъ, тоже, должно быть, струхнули не на шутку, полагая, не ихъ ли преслѣдуетъ полиція за учиненное недавно воровство въ сосѣднемъ городѣ, мгновенно потушивъ огонь, въ одну минуту скрылись среди густой чащи.

Дѣти остались по прежнему одни; "Ау, ау!" слышалось все рѣже и рѣже все дальше и дальше, и наконецъ совершенно замолкло; въ лѣсу наступила мертвая, ничѣмъ ненарушимая тишина; бѣдняжки тѣснѣе прижались другъ къ другу, вслѣдствіе сильнаго утомленія какъ нравственнаго, такъ и физическаго; нервы ихъ ослабѣли, они впали не то въ сонъ, не то въ забытье какое-то, и пробыли въ подобномъ оцѣпенѣніи вплоть до разсвѣта. Когда же, наконецъ, открыли глаза, то увидѣли передъ собою совершенно другую картину. Солнце весело освѣщало, покрытую утреннею росою, поляну и деревья. Въ такъ недавно еще темномъ, непроглядномъ лѣсу теперь замѣтно было нѣкоторое оживленіе; птички безпрестанно порхали съ вѣтки на вѣтку и пѣли свои любимыя пѣсенки. Дѣти вздохнули свободнѣе, но все еще почему-то не рѣшались выйти изъ засады, особенно, когда вдругъ услыхали сзади своего шалаша человѣческій голосъ, который, впрочемъ, на этотъ разъ испугалъ ихъ только въ первую минуту, а затѣмъ показался настолько симпатичнымъ, что Коля отважился даже высунуть курчавую головку.

– Яковъ,– крикнулъ онъ радостно и стремглавъ выпрыгнулъ на поляну. Дѣвочки послѣдовали за нимъ.

Яковъ былъ племянникъ старушки Мироновны, которая, по возвращеніи Ивана Михайловича, пришла въ такое отчаяніе, что, несмотря на свои семьдесятъ два года, сейчасъ же хотѣла отправиться на поиски питомцевъ.

– Я, конечно, не позволилъ ей сдѣлать этого,– говорилъ Яковъ: – и вызвался пойти самъ; долго бродилъ по лѣсу, наконецъ, случайно подойдя къ канавѣ, увидѣлъ тамъ нѣсколько осколковъ битой посуды и два раздавленныхъ персика; это навело меня на мысль, что вы проѣзжали мимо, и заставило идти прямо по тропинкѣ, которая привела сюда.

– Ну теперь значитъ, благодаря Бога, мы спасены,– отвѣчали дѣти:– а то – дѣло прошлое – приходилось жутко!– и они разсказали всѣ подробности ужасной ночи.

Слушая разсказъ, Яковъ только покачивалъ головою.

– Что же мама, папа, очень встревожены?– спросилъ Коля.

– Да ужъ такъ встревожены, что и передать трудно; барыня всю ночь, говорятъ, плакала; баринъ какъ сумасшедшій бросался изъ угла въ уголъ, няня Мироновна нѣсколько разъ падала въ обморокъ, въ особенности горевали они всѣ, когда Иванъ Михайловичъ на разсвѣтѣ вернулся домой безъ васъ.

– Пойдемте же, пойдемте скорѣе,– просила Надя: – бѣдная мама, бѣдный папа, бѣдная няня – они насъ такъ горячо любятъ, а мы-то мы, противные, сколько причинили имъ безпокойства.

– Пойдемте,– отозвался Яковъ и повелъ ослика къ телѣжкѣ.

– Да нельзя запрягать, Яковъ,– остановилъ его Коля.

– Почему?

– Сбруя и постромки перерваны.

117

– Вотъ вѣдь какая бѣда-то; ну, дѣлать нечего: пускай двѣ маленькія барышни сядутъ на ослика, а третья вмѣстѣ съ вами въ телѣжку, которую я на себѣ повезу.

– Тебѣ тяжело будетъ.

– Ничего, садитесь; коли покажется тяжело, скажу.

Коля долго не соглашался, и хотѣлъ идти пѣшкомъ, чтобы не затруднять Якова, но послѣдній почти силою посадилъ его въ телѣжку, и шествіе тронулось. Въ дорогѣ пришлось быть довольно долго, и кромѣ того еще раза два останавливаться, чтобы дать отдыхъ Якову и ослику. Наконецъ, вдали показалась усадьба; чѣмъ ближе подходили къ ней, тѣмъ сильнѣе и сильнѣе бились дѣтскія сердечки.

– Идутъ,– послышался съ балкона голосъ горничной, и на-встрѣчу показалась мама, папа и няня. Но, Боже мой, какъ исхудали они бѣдные, какъ измѣнились за эти нѣсколько часовъ – просто узнать даже нельзя; въ особенности мама. Дѣти чувствовали, что, глядя на нее, сердце надрывается, они вполнѣ сознавали всю свою вину и поняли, сколько горя причинили старшимъ черезъ свое непослушаніе. Мама и папа молча безъ упрёка посмотрѣли имъ въ глаза, не сдѣлали ни малѣйшаго выговора, но этимъ, такъ-сказать, еще сильнѣе дали почувствовать всю несообразность необдуманнаго поступка. Няня крѣпко обняла дѣтей всѣхъ четверыхъ, т.-е. и своихъ, и чужихъ, которыхъ знала давно и очень любила.

– Ну, ужъ напугали вы меня, сердечные,– сказала она, обливаясь слезами,– всю-то ноченьку насквозь протосковала.

– Да, няня, сами знаемъ, что поступили очень дурно, но зато это будетъ намъ урокомъ на всю жизнь, и больше никогда ничего подобнаго не случится навѣрное.

Долго толковали дѣти по поводу своей прогулки въ лѣсъ въ цыганскихъ костюмахъ, часто разсказывали, припоминали малѣйшія подробности ужасной ночи, и каждый разъ, въ заключеніе, давали честное, благородное слово больше не предпринимать такихъ прогулокъ.

ДАША И МАША

Маша Долина и Даша Никонова жили по сосѣдству; они жили очень дружно и до того походили одна на другую, что тотъ, кто зналъ ихъ не особенно близко, часто спутывалъ. Съ утра до поздней ночи дѣвочки не разлучались: вмѣстѣ рано по утру шли въ школу, гдѣ постоянно сидѣли на одной скамейкѣ, а во время рекреаціи слѣдомъ ходили другъ за другомъ, почему и получили прозвище неразлучныхъ. Вмѣстѣ возвращались каждая къ себѣ на квартиру, затѣмъ спѣшили какъ можно скорѣе отобѣдать, чтобы потомъ, соединившись опять у той или другой, сообща приняться за приготовленіе уроковъ къ слѣдующему дню. Родители, видя ихъ неразрывную дружбу, не только не противились ей, но напротивъ – поощряли; они сами были знакомы между собою давно, очень радовались, что дѣти такъ сошлись, и желая доставить дѣвочкамъ удовольствіе, одѣвали совершенно одинаково, такъ что каждый, встрѣтившій на улицѣ нашихъ двухъ пріятельницъ, принималъ ихъ за родныхъ сестеръ.

– Какое поразительное сходство,- говаривали прохожіе, невольно любуясь этими двумя изящными барышнями,– и кромѣ того онѣ почти одинаковаго роста. "Вы должно быть близнецы?.." спрашивали нѣкоторые.

– Нѣтъ, мы даже не родныя, хотя любимъ одна другую больше всѣхъ и всего на свѣтѣ,– отвѣчали дѣвочки и, какъ бы въ доказательство истины своихъ словъ, еще ближе прижимались другъ къ другу.

Проходили недѣли, мѣсяцы, годы; Маша и Даша замѣтно подросли, дни ихъ тянулись по-прежнему тихо, мирно, однообразно, до тѣхъ поръ, пока однажды вдругъ случилось неожиданное обстоятельство, которое, такъ сказать, совершенно перевернуло ихъ обыденную жизнь.

Время подходило къ веснѣ, снѣгъ начиналъ таять, и какъ только появлялось солнышко, спускался съ желѣзныхъ крышъ домовъ въ видѣ крупныхъ водяныхъ капель, образуя подъ водосточными трубами цѣлыя лужи. По случаю воскресенья дѣвочки не пошли въ классы и, только что вернувшись изъ церкви, расположились завтракать въ небольшой уютной столовой Долиныхъ.

– Какъ сегодня тепло на дворѣ,– замѣтила Маша: – не правда ли?

– Да,– отвѣчала ей подруга:– только ужасно сыро; я думаю, скоро пропадетъ зимняя дорога и опять долго, долго не придется кататься на санкахъ.

– Зато появятся зелень, цвѣты; можно будетъ ходить въ лѣсъ. Помнишь, какъ мы пріятно проводили время прошлый годъ въ деревнѣ?

– Но нынче твои родители, кажется, не разсчитываютъ уѣзжать изъ города?

119

– Кажется, и твои навѣрное тоже.

– По счастію; иначе мнѣ было бы очень скучно безъ тебя.

– Да развѣ возможно, чтобы мы когда нибудь разстались, Даша?

– Но если бы мои родители вздумали остаться въ городѣ, а твои уѣхать въ деревню?

– Тогда ты бы поѣхала, конечно, съ нами.

– Нынче, оставшись въ городѣ, мы тоже будемъ придумывать различныя удовольствія.

– О, безъ сомнѣнія.

И дѣвочки принялись толковать о томъ, какъ провести лѣтніе мѣсяцы.

Городъ, въ которомъ онѣ жили, принадлежалъ къ разряду уѣздныхъ городковъ, лежавшихъ на одной изъ линій желѣзныхъ дорогъ; онъ, собственно говоря, скорѣе походилъ на большое село, и если чѣмъ отличался отъ простой деревни, то единственно развѣ плохенькой каменной мостовой, да недавно устроеннымъ на главныхъ улицахъ тротуаромъ. Главное оживленіе его заключалось въ приходѣ и отходѣ поѣздовъ, къ которымъ обыкновенно съѣзжались извозчики.

– Посмотри, Даша, какое множество саней стоитъ у вокзала!– сказала Маша, взглянувъ въ окно.

– Теперь два часа, сію минуту долженъ придти петербургскій поѣздъ.

– Вотъ онъ кажется идетъ.

И дѣвочки отъ нечего-дѣлать присѣли къ окну, которое какъ разъ выходило на улицу, ведущую къ вокзалу. Поѣздъ дѣйствительно только что подошелъ къ дебаркадеру, и по прошествіи пяти-шести минутъ нѣсколько извозчичьихъ саней съ сѣдоками и чемоданами потянулись по различнымъ направленіямъ. Одни изъ подобныхъ саней остановились у подъѣзда Долиныхъ; въ нихъ сидѣла очень хорошо одѣтая дама съ прекраснымъ выразительнымъ лицомъ и большими черными глазами.

– Елизавета Николаевна! - радостно вскрикнула госпожа Долина: – вотъ неожиданность, наконецъ-то!

Дама, которую звали Елизавета Николаевна, была крестная мать Даши. Мужъ ея занималъ очень хорошее мѣсто въ Петербургѣ, гдѣ она жила безвыѣздно уже нѣсколько лѣтъ и давно ничего не давала знать о себѣ.

– Даша, Даша!– кричала госпожа Долина, пока гостья входила въ прихожую и снимала верхнее платье:– или скорѣе, твоя крестная мама пріѣхала!

Дѣвочка быстро соскочила съ мѣста и, подойдя къ крестной матери, почтительно поцѣловала руку.

– Здравствуй, Дашута,– заговорила послѣдняя, ласково обнявъ дѣвочку: – какъ ты выросла, похорошѣла; я бы не узнала тебя, если бы встрѣтила на улицѣ. А это кто же такая?– добавила она, указывая на Машу.

– Дочь нашего сосѣда и лучшаго товарища моего мужа, ее зовутъ Маша.

– Боже мой, какое поразительное сходство между обѣими дѣвочками! Я въ жизнь никогда не видала ничего подобнаго!

– Да, это всѣ почти замѣчаютъ.

Маша вѣжливо поклонилась. Елизавета Николаевна въ отвѣтъ кивнула головой и, усѣвшись на диванъ, повела длинную рѣчь о томъ, что нѣсколько разъ собиралась навѣстить крестницу, но все какъ-то не приходилось. Вчера же рѣшила во что бы то ни стало ѣхать,– говорила она:– потому что хочу переговорить объ одномъ важномъ дѣлѣ, касающемся Даши.

– Касающемся Даши?– переспросила госпожа Долина:– что же это такое?

– Мы потолкуемъ, когда дѣтки улягутся. А теперь, Даша,– добавила она, обратившись къ крестницѣ:– давай-ка лучше разбирать чемоданъ: я привезла тебѣ куклу и еще тамъ кое-что изъ бездѣлушекъ.

Недосказанная рѣчь крестной матери какъ-то странно отозвалась въ сердцѣ Даши: дѣвочка почувствовала, что ей вдругъ сдѣлалось грустно, она готова была безъ всякой причины расплакаться, но, стараясь казаться покойною, послѣдовала въ сосѣднюю комнату за Елизаветой Николаевной и начала помогать развязывать чемоданъ.

– Вотъ возьми, Даша, открой эту картонку. Въ ней лежитъ кукла.

Даша молча повиновалась: живо развязала снурокъ, которымъ была стянута картонка, приподняла крышку, и взору ея представилась довольно большая кукла съ изящною фарфоровою головкою; тутъ же, въ сторонѣ, лежало нѣсколько перемѣнъ бѣлья, шесть платьевъ, двѣ шляпы, зонтикъ, пальто, ботинки,– словомъ, всѣ принадлежности дамскаго туалета, даже не исключая крошечнаго розоваго вѣера съ бѣлою костяною ручкою.

– Ахъ, какая прелесть!– невольно вскрикнула дѣвочка.– Маша, Маша, поди сюда, посмотри, что за восхитительную куклу привезла мнѣ крестная мама!

Маша явилась на зовъ подруги и, увидавъ дѣйствительно превосходную куклу, вмѣстѣ съ ея еще болѣе превосходнымъ приданымъ, пришла въ неописанный восторгъ.

– А вотъ въ этой коробочкѣ найдешь золотой браслетъ; я хочу сама надѣть его на твою маленькую ручку съ тѣмъ, чтобы ты уже не снимала до тѣхъ поръ, пока онъ станетъ тѣсенъ,– и Елизавета Николаевна, доставъ изъ кожанаго футляра дорогой браслетъ, по ошибкѣ протянула его Машѣ. Дѣвочки расхохотались... Она взглянула на нихъ удивленными глазами.

– Я не Даша, а Маша,– пояснила послѣдняя.

121

– Это просто изъ рукъ вонъ что такое,– сказала тогда Елизавета Николаевна и въ свою очередь разсмѣялась:– надо сдѣлать на каждой изъ васъ какую-нибудь замѣтку, иначе вѣчно можно путаться.

– Я сама только по глазамъ различаю ихъ,– вмѣшалась въ разговоръ вошедшая въ эту минуту госпожа Долина.

– Да у нихъ и глаза-то кажутся одинаковы.

– Нѣтъ, всмотритесь хорошенько, у Даши темно-синіе, а у Маши – черные.

– Но у Даши такія темныя рѣсницы, что ея глаза съ перваго раза могутъ показаться черными.

– Это правда, потому-то я и говорю, что надо хорошенько всмотрѣться.

– Теперь я знаю секретъ, больше не ошибусь,– сказала Елизавета Николаевна, улыбнувшись, и снова принялась рыть чемоданъ.

– Ну вотъ, дружокъ,– продолжала она: – помоги мнѣ отстегнуть ремень; здѣсь, въ крышкѣ, припрятано для тебя бѣлое вышитое платье и розовый кушакъ.

– Вы балуете ее,– опять вмѣшалась госпожа Долина:– развѣ можно сразу надавать столько превосходныхъ вещей?

– Я считала себя въ долгу у моей крестницы; мы такъ давно съ нею не видались, что, надѣюсь, вы позволите мнѣ хотя немножко разсчитаться.

Говоря это, Елизавета Николаевна достала бѣлое батистовое платье, все отдѣланное вышивкою; оно было сшито по послѣдней парижской картинкѣ и очевидно стоило весьма дорого. Дашѣ даже и во снѣ никогда не снилось ничего подобнаго; она бережно положила платье на кресло, расправила складочки, встряхивала, любовалась имъ. Маша находилась тутъ же. Цѣлый день прошелъ въ бесѣдѣ о полученныхъ подаркахъ. Вечеромъ, послѣ чая, Маша ушла домой, а Даша, повторивъ уроки, легла спать; но такъ какъ дверь, ведущая изъ ея комнаты въ гостиную, гдѣ сидѣла Елизавета Николаевна и родители дѣвочки, была полуотворена то она волей-неволей должна была слышать все, что тамъ говорилось.

– Кажется, уснула,– начала Елизавета Николаевна:– мы можемъ поговорить откровенно.

– Да, что вы хотѣли сказать относительно ея?

– Она насъ не услышитъ?

– Нѣтъ, она навѣрно уже спитъ; впрочемъ, для большаго спокойствія, можно затворить дверь.

– Не надо,– отозвался господинъ Долинъ:– комната Даши такая маленькая, если закрыть дверь, то тамъ будетъ очень душно. Даша, по всей вѣроятности, уже спитъ; въ ея годы сонъ приходитъ сейчасъ же, какъ только голова очутится на подушкѣ. Говорите совершенно покойно, въ чемъ заключается дѣло.

– Да вотъ видите-ли: мужу моему и мнѣ недавно пришла мысль, не отдадите ли вы намъ Дашу на воспитаніе. Мы, какъ вамъ извѣстно, люди достаточные, дѣтей у насъ нѣтъ. Я употребила бы всѣ средства, чтобы сдѣлать изъ нея человѣка и обезпечить въ будущемъ. Вы же всегда, во всякое время, можете пріѣхать навѣстить ее и даже, по желанію, взять къ себѣ гостить на сколько времени захотите.

Госпожа Долина молча опустила голову; лицо ея выражало сильное волненіе,– она видимо колебалась. Самъ Долинъ тоже ничего не говорилъ, а только медленно поеручивалъ свои длинные усы. Минутъ пять царствовала въ комнатѣ мертвая, ничѣмъ ненарушимая тишина.

– Вотъ видите ли, Елизавета Николаевна,– заговорилъ наконецъ Долинъ первый: – вопросъ этотъ для насъ слишкомъ серьезенъ; мы должны хорошенько подумать, и потому позвольте отложить окончательно отвѣтъ до завтра.

– Хорошо, я готова ждать, но предупреждаю, что если вы не захотите согласиться на наше предложеніе, то впослѣдствіи навѣрное сильно покаетесь, потому что, оставивъ Дашу при себѣ, никогда не будете въ силахъ дать ей всего того, что она получила бы живя у меня.

– Объ этомъ не можетъ быть и рѣчи.

– Вотъ то-то и есть; слѣдовательно, мнѣ кажется, долго раздумывать нечего. Впрочемъ, какъ хотите, я охотно соглашаюсь ждать не только до завтра, но даже и до послѣ-завтра, потому что намѣрена прогостить у насъ дня два, если не прогоните,– добавила она шутя.

Затѣмъ разговоръ перешелъ на другой предметъ, который уже не интересовалъ Дашу. Она не слушала его, а облокотившись локтемъ на подушку, глубоко задумалась надъ словами крестной матери и, при одной мысли о предстоящей разлукѣ съ Машей, почти приходила съ отчаяніе.

"Нѣтъ, нѣтъ,– говорила дѣвочка сама себѣ:– на это я не могу согласиться, такъ и мамѣ скажу; безъ Маши мнѣ ничто не мило".– И она проплакала почти до разсвѣта, дожидая съ нетерпѣніемъ утра, чтобы сообщить обо всемъ пріятельницѣ.

– Что съ тобою, Даша?– спросила ее послѣдняя, когда она, по обыкновенію, зашла за нею, отправляясь въ гимназію.– У тебя красные глаза, ты плакала?

Дѣвочка, вмѣсто отвѣта, залилась горючими слезами.

– Но, что же, наконецъ, такое случилось?– допытывалась Маша, готовая сама расплакаться, глядя на слезы подруги.

– Ахъ, Маша, пока еще ничего не случилось, но скоро... скоро, можетъ быть даже завтра, насъ съ тобою ожидаетъ большое горе!

– Господи, что же такое, говори скорѣе!

Даша передала самыя мельчайшія подробности. Маша поблѣднѣла, губки ея какъ-то судорожно задрожали, она охватила рученками гибкій станъ подруги, притянула къ себѣ и тихимъ едва слышнымъ голосомъ проговорила прерывисто:

– Нѣтъ... нѣтъ, не пущу... мы не должны... мы не можемъ разстаться...

Говоря такимъ образомъ, дѣвочки дошли до школы, но, подъ вліяніемъ тяжелыхъ думъ о предстоящей разлукѣ, въ продолженіе всего урока были задумчивы, разсѣянны и отвѣчали невпопадъ.

– Что это сдѣлалось съ нашими "неразлучными",– замѣтили учителя:– онѣ всегда отличались прилежаніемъ, а сегодня ни на что не похожи!

Маленькія пріятельницы не возражали, не оправдывались и, грустно склонивъ головки, оставались по-прежнему совершенно безучастны ко всему окружающему. Наконецъ раздался звонокъ и онѣ отправились домой.

– Мама навѣрное сейчасъ же начнетъ со мной разговоръ,– сказала Даша:– послѣ обѣда приходи, результатъ будетъ извѣстенъ.

– Хорошо,– отвѣчала подруга упавшимъ голосомъ, и тихими шагами пошла по направленію квартиры родителей.

Даша не ошиблась въ своемъ предположеніи: едва успѣла положить она ранецъ съ книгами на столъ, снять теплые сапоги и верхнее платье, какъ отецъ позвалъ ее въ столовую и сообщилъ о предложеніи крестной матери.

– Чѣмъ же вы рѣшили, папа?– спросила дѣвочка дрожащимъ голосомъ.

– Мы съ мамой вчера вечеромъ и сегодня утромъ долго говорили по этому поводу, и въ конце-концовъ пришли къ заключенію, что ты завтра уѣдешь съ Елизаветой Николаевной въ Петербургъ.

– Въ Петербургъ? а Маша?

– Что Маша?

– Тоже поѣдетъ въ Петербургъ?– машинально проговорила дѣвочка.

– Нѣтъ, Маша останется здѣсь, ей тамъ нечего дѣлать.

– Значитъ, намъ придется разстаться?

– Непремѣнно.

– Но, папочка, развѣ это возможно?

– Почему же нѣтъ, душа моя! Въ жизни очень часто приходится быть вдали отъ тѣхъ, кто милъ и дорогъ...

– Я не перенесу разлуки, и она тоже,– перебила дѣвочка, заливаясь слезами.

Отецъ улыбнулся.

– Человѣкъ созданъ такъ, Даша, что всегда можетъ перенести то, что встрѣчается неизбѣжно.

124

– Но разлука съ Машей для меня вѣдь не есть неизбѣжное; до сихъ поръ я жила же дома и не было даже рѣчи о томъ, чтобы отправлять меня въ Петербургъ.

– Да, пока не представился случай, не воспользоваться которымъ было бы грѣшно. Ты знаешь ли, что Елизавета Николаевна предлагаетъ взять тебя къ ней съ тѣмъ, чтобъ дать хорошее образованіе и обезпечить въ будущемъ. Мы же съ мамой, при всемъ желаніи, не можемъ сдѣлать ни того, ни другого.

– И не надо.

– Какъ не надо?

– Да такъ; я буду ходить въ школу.

– А затѣмъ?

– Затѣмъ выросту большая, поступлю куда-нибудь въ гувернантки, стану зарабатывать хорошія деньги, и все пойдетъ отлично.

– Ты сама еще несознаешь, что говоришь, Даша, а вотъ какъ пріѣдешь въ Петербургъ, да увидишь такую обстановку, о которой теперь не имѣешь понятія, то навѣрное согласишься съ тѣмъ, что тебѣ говорили правду.

– Но Машу все-таки не забуду.

– Этого, другъ мой, отъ тебя никто не требуетъ. Маша прекрасная, добрая дѣвочка; ты, живя въ Петербургѣ, можешь любить ее точно такъ, какъ любишь теперь; но, согласись сама: изъ за того, чтобы не разлучаться съ нею, добровольно оттолкнуть свыше посылаемое счастіе – болѣе чѣмъ неблагоразумно.

– А ежели это счастье будетъ стоить жизни намъ обѣимъ?

– Ничего подобнаго никогда не случится,– замѣтилъ папа въ заключеніе, и вышелъ изъ столовой.

Слова дочери между тѣмъ "а ежели это счастіе будетъ стоитъ жизни намъ обрЗ;имъ" запали ему въ душу. Онъ направился прямо въ комнату жены, гдѣ сидѣла Елизавета Николаевна, и подробно передалъ имъ разговоръ свой съ Дашею.

– Пустыя бредни, на нихъ не слѣдуетъ обращать вниманія,– отозвалась Елизавета Николаевна: – развѣ сами вы не были ребенкомъ и не помните, какъ въ молодыхъ годахъ быстро изглаживается всякое впечатлѣніе? Въ настоящую минуту мысль о разлукѣ съ маленькой пріятельницей дѣйствительно кажется ужасною; но повѣрьте, разъ она будетъ окружена новой обстановкой, увидитъ новыхъ людей – все забудется очень скоро, даже само путешествіе уже развлечетъ и поможетъ гораздо легче перенести воображаемое горе.

– Я вполнѣ согласна съ вами,– отвѣчала г. Долина:– но въ то же самое время скажу откровенно, что принудить

Дашу силой оставить домъ, такъ-сказать, почти выгнать ее, у меня положительно не хватаетъ духу.

— Дорогая моя, вѣдь это для ея же пользы; потомъ она сама скажетъ спасибо.

— Вѣрю; но, представьте себѣ, что въ бытность ея у васъ съ нею вдругъ случится какое-нибудь несчастье. Развѣ это не ляжетъ упрекомъ на мою совѣсть, развѣ мы не будемъ вѣчно терзаться мыслью, что сами натолкнули дѣвочку на это?

— Но къ чему такія мрачныя мысли; ничего подобнаго, дастъ Богъ, не будетъ.

— А ежели?

— Перестаньте, перестаньте, вы просто разстроены; не давайте воли нервамъ и постарайтесь дѣйствовать такъ, какъ велитъ благоразумiе. Знаете, чтобы нѣсколько успокоить Дашу, мы скажемъ, что я ее беру къ себѣ погостить и что если ей покажется скучнымъ, сейчасъ же привезу обратно.

— Какая хорошая мысль,— отвѣчала г. Долина:— мы не только скажемъ это, но и на самомъ дѣлѣ поступимъ такъ, если вы будете согласны.

— Согласна, согласна,— отозвалась Елизавета Николаевна:— тѣмъ болѣе, что въ душѣ я вполнѣ убѣждена, что какъ только Даша прiѣдетъ въ Петербургъ, она сама не захочетъ воротиться.

— Значитъ, отлично; все устроено, какъ нельзя лучше, и волки сыты и овцы цѣлы,— добавила госпожа Долина.

Даша между тѣмъ стояла на прежнемъ мѣстѣ; она грустно склонила голову и думала свои невеселыя думы.

За обѣдомъ отецъ и мать объявили ей, что отпускаютъ на нѣкоторое время погостить къ крестной матери, съ тѣмъ, что ежели она соскучится, сейчасъ же возьмутъ домой.

— Вѣдь ты ничего не имѣешь противъ?— спросила Елизавета Николаевна.

Даша, вмѣсто отвѣта, заплакала; она инстинктивно поняла или, лучше сказать, догадалась, что это не болѣе какъ уловка со стороны родителей, и что, разъ попавъ въ Петербургъ, ей нечего и думать о возвращенiи.

— Развѣ ты не любишь меня?— продолжала Елизавета Николаевна, ласково погладивъ крестницу но головѣ.

— Нѣтъ, напротивъ,— сквозь слезы отвѣчала дѣвочка.

— Тогда зачѣмъ же плакать?

— Мнѣ скучно будетъ безъ Маши и ей безъ меня тоже.

— Но вѣдь не навсегда же вы разстаетесь: черезъ нѣсколько времени опять воротишься.

Даша сомнительно покачала головой и продолжала всхлипывать.

Обѣдъ прошелъ для нея очень скучно, несмотря на то, что всѣ кушанья, отъ перваго до послѣдняго, были ея любимыя. Бѣдняжка почти ни къ чему не прикасалась, нехотя отвѣчала на вопросы родителей и крестной матери, и съ нетерпѣніемъ ждала возможности скорѣе снова очутиться одной въ своей комнатѣ, чтобы дать полную волю слезамъ. Время казалось ей невыносимо длиннымъ; наконецъ, подали сладкое блюдо, затѣмъ кофе и всѣ встали изъ-за стола. Даша опрометью побѣжала въ дѣтскую и, присѣвъ къ окну, дожидалась Маши, которая, словно на зло, медлила приходить. Часовъ въ шесть, когда на дворѣ совершенно стемнѣло, Даша услыхала шаги ея по корридору.

– Что ты такъ поздно?

– Къ мамѣ пріѣхала двоюродная сестра – неловко было бы уйти изъ дому, пока она оставалась. Ну, скажи скорѣе, какъ твои дѣла?

– Ахъ, Маша, очень плохо.

– Неужели?

– Кажется, завтра меня отправляютъ въ Петербургъ.

– Совсѣмъ?

– Говорятъ, только погостить, пока не соскучусь, но я этому не вѣрю.

– Да, оно сомнительно.

И по розовому личику Маши тихо покатились слезы.

– Что бы придумать и какъ бы упросить папу и маму оставить меня здѣсь?

– Трудно, ихъ рѣшеніе, какъ кажется, твердо и неизмѣнно.

– А вотъ что: я скажу прямо – не поѣду и кончено.

– Силою возьмутъ.

– Ну, тогда убѣгу изъ дома.

– Все это пустыя слова, Даша; не сдѣлаешь ни того, ни другого.

– Такъ что же по твоему остается предпринять?

– Молчать и покориться.

Благоразуміе, конечно, заставляло поступить такъ, какъ совѣтовала Маша, но на словахъ оно оказалось гораздо легче, чѣмъ на самомъ дѣлѣ. Когда Даша замѣтила, что Елизавета Николаевна приготовляется къ отъѣзду, а мама начинаетъ укладывать и собирать ея бѣлье и платье, она окончательно упала духомъ и, вообразивъ, что ее непремѣнно возьмутъ силою ночью, какъ только она уснетъ, рѣшила не смыкать глазъ вплоть до утра, а затѣмъ тихонько, на цыпочкахъ, выйти изъ дому и пробраться къ Машѣ.

Съ наступленіемъ вечера вся семья собралась въ столовой; родители Маши и крестная мать снова принялись уговаривать дѣвочку, доказывая ей всѣ выгоды жизни Петербурга и стараясь описать эту жизнь самыми радужными красками. Она слушала ихъ молча, не возражала болѣе, не спорила, не плакала, но только становилась все блѣднѣе и блѣднѣе: затѣмъ встала съ мѣста, молча подошла проститься съ отцомъ и матерью, Елизаветой Николаевной и молча направилась въ свою комнату.

Горничная Дуняша, по обыкновенію, раздѣла барышню и, пожелавъ покойной ночи, удалилась въ дѣвичью. Въ комнатѣ царствовала полнѣйшая тишина; слабый отблескъ теплившейся передъ образомъ лампады тускло освѣщалъ всю комнату, придавая ей какую-то таинственность. Нервы Даши, вслѣдствіе всего пережитого и перечувствованнаго за это время, находились въ возбужденномъ состояніи; оно начала испытывать что-то похожее на страхъ, безпрестанно приподнималась на кровати, боязливо посматривая по сторонамъ и прислушивалась къ малѣйшему шороху. Пока домашніе и прислуга еще бодрствовали, пока слышны были человѣческіе голоса и шаги по сосѣднимъ комнатамъ, дѣвочка кое-какъ мирилась съ своимъ не особенно пріятнымъ положеніемъ; но затѣмъ, когда все мало-по-малу затихло, на нее вдругъ напалъ такой непреодолимый страхъ, что она уже не въ силахъ была болѣе лежать въ постели, тихонько спустила ножки, отыскала туфли и, подъ предлогомъ сильной жажды, отправилась къ горничной приказать принести стаканъ воды. Идти пришлось черезъ гостиную, гдѣ, конечно, огонь давно былъ уже погашенъ, но при свѣтѣ пробивавшагося сквозь кисейныя занавѣски мѣсяца, легко было разсмотрѣть всѣ находившіеся предметы, такъ что Даша могла безъ особаго затрудненія отыскать дверь корридора. Не успѣла она подойти къ этой двери, какъ вдругъ услыхала въ противоположномъ концѣ комнаты какой-то шорохъ; она быстро обернулась и, какъ ей показалось, увидѣла въ углу человѣческую фигуру. Подъ вліяніемъ овладѣвшаго ужаса, она хотѣла вскрикнуть, побѣжать, но голосъ и ноги отказались служить и бѣдняжка, потерявъ сознаніе, какъ снопъ повалилась на полъ. Долго ли оставалась дѣвочка въ безсознательномъ состояніи, опредѣлить трудно; но только когда она снова открыла глаза, то мѣсяцъ, пробиваясь уже черезъ оба окна комнаты, освѣщалъ ее гораздо больше, благодаря чему Даша ясно могла разсмотрѣть, что стоявшая въ углу человѣческая фигура была не что иное, какъ повѣшанная на гвоздь бархатная ротонда Елизаветы Николаевны, которую она, по примѣру прошлой ночи, внесла изъ прихожей, боясь, чтобы не украли. Тутъ же рядомъ, на креслѣ, вытянувъ жирныя лапы, крѣпко спалъ сѣрый котъ Маркизъ, который, очевидно взбираясь на кресло, какъ разъ въ ту минуту, когда Даша проходила мимо, и произвелъ шорохъ.

"Такъ вонъ оно что,– подумала дѣвочка:– какая же я въ самомъ дѣлѣ глупая; развѣ можно до обморока испугаться ротонды и кота". И вмѣсто того, чтобы отправиться къ горничной за водой, вернулась къ себѣ, опять

128

легла на кровать, прикрылась одѣяломъ, и съ твердымъ намѣреніемъ не спать до утренней зари, съ тѣмъ, чтобы потомъ тайкомъ уйти къ Машѣ, зажмурила глазки, разсчитывая только подремать; но физическая усталость взяла верхъ, она забылась и крѣпко уснула.

— Пора вставать, барышня,— раздался надъ нею голосъ горничной на слѣдующее утро:— смотрите-ка, давно уже девять часовъ; папа, мама и Елизавета Николаевна чай откушали, а вы все почиваете; легли же между тѣмъ, раньше всѣхъ; вставайте.

— Какъ девять часовъ, Дуняша? Зачѣмъ ты меня не разбудила во-время, я вѣдь опоздала въ классы?

— Сегодня въ классы не пойдете.

— Почему, праздника нѣтъ?

— Праздника-то нѣтъ, да мамаша сказала, что больше ходить въ школу не будете, потому послѣ обѣда Елизавета Николаевна увезетъ васъ съ собою въ Петербургъ.

— Ахъ, да,— отвѣчала Даша упавшимъ голосомъ и начала одѣваться.

— Маша, отправляясь въ школу, заходила за мною?— спросила она горничную черезъ нѣсколько минутъ.

— Нѣтъ, сама не заходила, а только присылала кухарку справиться, пойдете ли.

— Ну, и что же вы сказали?

— Сказали, что не пойдете.

— А она спросила, почему?

— Спросила.

— Что же вы на это отвѣтили?

— То же самое, что сейчасъ и вамъ, т.-е., что вы въ школу не будете больше ходить, потому что Елизавета Николаевна увозитъ васъ въ Петербургъ.

"Бѣдная Маша, она уже все знаетъ,— подумала дѣвочка:— какъ ей будетъ скучно, да и мнѣ тоже безъ нея ничто не покажется мило".

Она попробовала еще разъ попросить маму измѣнить свое рѣшеніе, но г-жа Долина осталась неумолима, причемъ, впрочемъ, повторила, что если ей уже покажется очень скучно въ Петербургѣ, то она возьметъ ее обратно. Теперь же совѣтовала не возобновлять подобнаго разговора, потому что онъ ровно ни къ чему не поведетъ, и черезъ Дашу отдала приказаніе кухаркѣ приготовить обѣдъ къ двумъ часамъ.

— Мама, отчего мы сегодня обѣдаемъ такъ рано?— спросила Даша.

— Оттого, чтобы не опоздать на поѣздъ, который отправляется отсюда ровно въ три часа.

— Какъ! значитъ, мнѣ не придется даже проститься съ Машей?— это ужасно!

129

Мама молча вышла изъ комнаты; она вполнѣ понимала состояніе дочери, но вмѣстѣ съ тѣмъ знала и то, что ничего не можетъ быть тяжелѣе прощанія, а потому именно старалась устроить отъѣздъ ея до возвращенія Маши изъ школы, гдѣ классы обыкновенно кончались въ три часа. Дѣвочка сѣла за обѣдъ разстроенная до-нельзя, она не прикасалась ни къ одному блюду, ни съ кѣмъ не говорила, ни на кого не смотрѣла. Родители ея и Елизавета Николаевна тоже оставались молчаливы; грустный видъ Даши наводилъ на нихъ невольную тоску, они всѣ торопились выйти изъ-за стола, чтобы положить конецъ общему неловкому состоянію. Прощаясь съ папой и мамой, Даша горько заплакала.

– Не скучай, Даша,– ласково сказала мама:– мы скоро увидимся, я черезъ двѣ недѣли пріѣду въ Петербургъ и, если ты все еще не привыкнешь къ своей новой обстановкѣ, то возьму тебя обратно домой.

Даша снова посмотрѣла недовѣрчивыми и вмѣстѣ съ тѣмъ умоляющими глазами и, сѣвъ на извозчика рядомъ съ крестною матерью, быстро покатила по направленію къ станціи желѣзной дороги.

Въ гимназіи, между тѣмъ, занятія шли обычнымъ порядкомъ; одинъ учитель смѣнялъ другого, урокъ слѣдовалъ за урокомъ; но Маша, узнавъ отъ кухарки, что пріятельницу ея сегодня увозятъ въ Петербургъ, до того упала духомъ, что не видѣла никого и ничего что кругомъ творилось; по счастію, ее не вызывали. Въ три часа раздался звонокъ; она вышла въ прихожую раньше всѣхъ, отыскала свое теплое платье и чуть не бѣгомъ бросилась на улицу.

"Застану ли я ее еще дома", задавала себѣ вопросъ дѣвочка и, поровнявшись съ вокзаломъ какъ разъ въ ту минуту, когда отходилъ поѣздъ изъ города, случайно подняла голову. Локомотивъ подвигался впередъ сначала медленно, затѣмъ съ каждою секундою начиналъ двигаться все быстрѣе и быстрѣе, оставляя въ воздухѣ позади себя цѣлые столбы густого дыма; вереница вагоновъ тянулась плавно, ровно по рельсамъ; окна нѣкоторыхъ изъ вагоновъ были опущены, и Машѣ показалось, что въ одно изъ нихъ смотрѣла знакомая головка.

"Нѣтъ, этого быть не можетъ,– думалось ей:– Даша обѣдаетъ въ четыре часа, я навѣрно еще застану ее". Придя домой, дѣвочка первымъ дѣломъ освѣдомилась у матери, не видала ли она кого нибудь изъ семьи Долиныхъ.

– Елизавета Николаевна съ часъ тому назадъ поѣхала съ Дашей вмѣстѣ на извозчикѣ къ вокзалу.

– Какъ, неужели! Значитъ, ее увезли, уже мы больше не увидимся!– и Маша разразилась громкими рыданіями.

– Полно, Маша, перестань, какъ тебѣ не стыдно,– уговаривала мама: –

вѣдь не на вѣкъ же въ самомъ дѣлѣ разстались; придетъ время, опять увидитесь.

– Да, когда это время придетъ, когда увидимся! Можетъ быть, черезъ годъ, черезъ два, а то и позднѣе.

– Хотя и такъ бы, дитя мое, что же изъ этого?

– Нѣтъ, я чувствую, что не могу жить безъ Даши.

– Успокойся; ты не разъ навѣрно слыхала, что отчаиваться никогда не слѣдуетъ, даже и въ болѣе серьезныхъ вещахъ. Старайся же имѣть характеръ: человѣкъ долженъ стоять выше обстоятельствъ, которымъ въ жизни часто приходится покоряться.

– Все это хорошо на словахъ, а не на дѣлѣ,– отвѣчала дѣвочка:– если бы ты могла быть на моемъ мѣстѣ, то только тогда поняла бы, какія трудныя минуты я переживаю!

Мама долго утѣшала ее, много говорила, успокаивала, но сердечко маленькой Маши ныло и тосковало по-прежнему. Она за нѣсколько дней такъ измѣнилась, что стала неузнаваема: изъ рѣзвой, шаловливой дѣвочки превратилась въ какую-то вялую, апатичную; ничто ее не занимало, ничто не тѣшило; уроки приготовляла машинально, безъ всякаго старанія получить хорошую отмѣтку, чѣмъ въ былое время дорожила больше всего на свѣтѣ; если отецъ или мать дѣлали замѣчаніе, то она всегда молча опускала глаза книзу и принималась за дѣло съ усиленнымъ стараніемъ, немедленно же приносила хорошіе баллы, но оставалась по-прежнему равнодушна настолько, что даже не сообщала о нихъ до тѣхъ поръ, пока кто-нибудь заглядывалъ въ дневникъ. Въ физическомъ отношеніи тоже очень измѣнилась, щеки поблѣднѣли, о прежнемъ румянцѣ не было и помину, аппетитъ пропалъ, сонъ сдѣлался прерывистымъ.

– Маша, тебѣ нездоровится, должно быть,– зачастую допрашивала мама.

– Нѣтъ, у меня ничего не болитъ.

– Почему же ты такая блѣдная?

– Не знаю.

– Скажи правду, дитя мое, можно обратиться къ доктору.

– Да увѣряю тебя, дорогая мамочка, я совершенно здорова; мнѣ только... скучно... очень скучно...– и дѣвочка заливалась горючими слезами.

Видя подобное тяжелое состояніе, которое неизбѣжно, рано или поздно, должно было отозваться на здоровьѣ, родители Маши задумались серьезно. Г-жа Долина и мужъ ея вполнѣ сочувствовали своимъ добрымъ друзьямъ, и лучше чѣмъ кто-либо понимали; они сами находились въ точно такой же тревоги за собственную дочь, изъ писемъ которой легко было догадаться, что она далеко не примирилась съ разлукою.

131

Много, часто и подолгу бесѣдовали они между собою; наконецъ, на общемъ совѣтѣ однажды порѣшили отпустить Машу съ дѣдушкой – отцомъ ея матери – на минеральныя воды, куда онъ, по совѣту доктора, долженъ былъ отправиться раннею весною.

– Новыя мѣста, новая жизнь и новая обстановка хотя нѣсколько развлекутъ дѣвочку,– говорили родители, и въ одинъ прекрасный день сообщили ей свое намѣреніе. Маша отнеслась къ нему какъ и вообще ко всему окружающему съ полнѣйшимъ равнодушіемъ. Мама взяла ее съ собою въ магазинъ, чтобы заказать нѣсколько лѣтнихъ платьевъ, и предложила самой выбрать цвѣтъ и матерію.

– Мнѣ все равно, мамочка, я полагаюсь на твой вкусъ, купи, что хочешь, что тебѣ нравится.

Та же исторія повторилась и при выборѣ шляпки. Съ обѣду всѣ закупки были окончены, матерія отнесена къ портнихѣ, мѣрка снята; оставалось собрать бѣлье и уложить въ чемоданъ. Черезъ недѣлю пріѣхалъ дѣдушка; прогостивъ нѣсколько дней, онъ, наконецъ, отправился въ путь въ сопровожденіи одной изъ своихъ двоюродныхъ сестеръ, старика лакея Павла и Маши.

Дорога предстояла дальняя, приходилось проѣзжать много незнакомыхъ городовъ, что, какъ и надо было ожидать, доставило Машѣ невольное развлеченіе. Дѣдушка былъ слишкомъ старъ для того, чтобы совершить путешествіе безъ отдыха, а потому они раза три останавливались, брали въ гостинницѣ два номера, и жили на одномъ и томъ же мѣстѣ около недѣли. День проходилъ въ томъ, что Маша со старухой-родственницей обозрѣвали новыя мѣста, а вечеромъ, соединившись всѣ вмѣстѣ, или дѣлились впечатлѣніями съ дѣдушкой, или слушали его интересные разсказы, до которыхъ Маша была большая охотница.

Но вотъ, наконецъ, длинное путешествіе окончено, они достигли цѣли и съ вечернимъ поѣздомъ пріѣхали въ тотъ городъ, гдѣ находились минеральныя воды. Одинъ изъ товарищей дѣдушки, такой же старикъ какъ и онъ, по его просьбѣ заранѣе нанялъ для него небольшую дачку, состоящую изъ хорошенькаго отдѣльнаго домика, окруженнаго густою зеленью.

Машѣ очень понравилось ея новое жилище, въ особенности, когда она вошла въ свою комнатку, окна которой выходили на рѣку; рядомъ съ нею помѣщалась старушка-родственница или тетя Надя, какъ ее называли всѣ знакомые; дальше шла столовая и за нею спальня дѣдушки.

Дѣдушка вставалъ очень рано; въ шесть часовъ утра онъ обыкновенно уже былъ на ногахъ, и иногда одинъ, иногда въ сопровожденіи Павла отправлялся къ источнику пить воды. Тетя Надя спала долго, Маша тоже;

такъ что зачастую случалось, что старикъ, уже выпивъ свою порцію воды и нагулявшись, возвращался домой, а сожительницы его только садились за утренній чай.

– Стыдно, стыдно такъ долго спать,– говорилъ онъ шутя; – я уже сколько дѣла передѣлалъ, а вы все еще нѣжитесь.

– За то мы вечеромъ позже ложимся,– оправдывалась тетя Надя.

– Какъ позже? Вы уходите въ свои комнаты въ одно время со мною.

– Да; но мы еще гуляемъ иногда.

– Оправдывайтесь!– продолжалъ дѣдушка смѣясь, и брался за газету.

Дни проходили за днями. Маша порою казалась какъ будто покойнѣе, порою опять начинала хандрить. О Дашѣ она не имѣла никакихъ извѣстій, потому что отецъ и мать, знавшіе черезъ Долиныхъ, что она тоже не перестаетъ грустить, конечно не сообщали этого, и на безпрестанные вопросы въ письмахъ дочери касательно подруги, старались отвѣчать самымъ уклончивымъ образомъ.

Даша, однако, несмотря на стяранія Елизаветы Николаевны окружить ее всевозможною роскошью, блескомъ, удовольствіемъ, оставалась но-прежнему безучастна ко всѣмъ и ко всему.

"Ничего, привыкнетъ,– думала крестная мама: – надо все предоставить времени". Но время шло впередъ обычнымъ порядкомъ и Даша не только не привыкала къ новой обстановкѣ, но, напротивъ, становилась печальнѣе.

– Вамъ, Елизавета Николаевна, надо серьезно обратить вниманіе на вашу питомицу,– сказалъ однажды домашній докторъ Карлъ Ивановичъ Фишъ, пріѣхавшій къ ней съ утреннимъ визитомъ.

– А что?

– Посмотрите, какъ она чахнетъ и блѣднѣетъ съ каждымъ днемъ; неужели вы не замѣчаете?

– Нѣтъ, докторъ, я это давно вижу, но, говоря откровенно, не придаю особеннаго значенія, потому надѣюсь, что дѣвочка привыкнетъ и перестанетъ тосковать. Согласитесь сами, въ ея годы развѣ возможно серьезно поддаваться какому бы то ни было впечатлѣнію?

– Такъ-то такъ, только все-таки вы послушайте меня и подумайте.

Съ этого дня послѣ разговора съ докторомъ, Елизавета Николаевна начала еще болѣе наблюдать за Дашей, доставляя ей безпрестанныя развлеченія: возила въ театръ, покупала обновки, но дѣвочка если и оживлялась на нѣкоторое время, то только для того, чтобы потомъ снова впасть въ прежнюю апатію. Тогда Елизавета Николаевна попросила доктора хорошенько осмотрѣть крестницу. Онъ исполнилъ ея желаніе.

– Ну, что, какъ вы находите?– спросила она, когда докторъ, послѣ продолжительнаго и тщательнаго осмотра вошелъ въ кабинетъ.

— Какъ вамъ сказать. Физически она совершенно здорова, но душою страдаетъ безусловно.

— Что же, по вашему мнѣнію, слѣдуетъ предпринять?

— Постарайтесь что нибудь придумать.

— Не хотѣлось бы отправлять ее домой, потому что тамъ она никогда не можетъ имѣть того, что имѣетъ здѣсь, и главное, если бы я ее воспитала при себѣ, согласно моимъ взглядамъ и убѣжденіямъ, то обезпечила бы въ будущемъ. Въ противномъ же случаѣ мнѣ никакого нѣтъ интереса дѣлать этого.

— Можно придумать другое средство.

— Какое же, какое? Скажите, я вамъ очень буду благодарна.

— Попробуйте предпринять съ нею путешествіе; вѣдь вы, кажется, если не ошибаюсь, и безъ того намѣрены были прокатиться по Россіи.

— О, если только это принесетъ пользу, то я готова съ большимъ удовольствіемъ.

— Ручаться навѣрное за успѣхъ я, конечно, не смѣю, но полагаю, что оно было бы не дурно. Если же и это не поможетъ, тогда придется отправить дѣвочку къ родителямъ.

Елизавета Николаевна задумалась; она принадлежала къ разряду тѣхъ натуръ, которыя, разъ рѣшившись на что нибудь, не только не отступаютъ отъ своего намѣренія, но тѣмъ упорнѣе идутъ на проломъ, чѣмъ больше встрѣчается на пути препятствій. Она хотѣла во что бы то ни стало вырвать Дашу изъ ея скромной обстановки и, за неимѣніемъ собственной дочери, дать блестящее образованіе и устроить золотую будущность.

— Если предполагаемое путешествіе не принесетъ пользы Дашѣ,— вмѣшался мужъ Елизаветы Николаевны: — то я, съ своей стороны, могу тоже предложить одно средство и, какъ мнѣ кажется, оно будетъ дѣйствительнѣе всего.

— Какое?

— Я постараюсь предоставить здѣсь въ Петербургѣ какое нибудь мѣсто отцу ея пріятельницы, если только онъ пожелаетъ.

— Ахъ, какъ бы было хорошо! Но при переводѣ его съ мѣста на мѣсто можетъ пожалуй встрѣтиться препятствіе, если даже онъ и пожелаетъ.

— Безъ сомнѣнія; потому-то я предлагаю это средство уже въ крайности. Теперь же совѣтую сдѣлать такъ, какъ говоритъ докторъ.

— Значитъ мы, не теряя времени, приступимъ къ приготовленію къ отъѣзду.

Сказано, сдѣлано. Не далѣе какъ на слѣдующее же утро въ квартирѣ Елизаветы Николаевны пошла дѣятельная работа: прислуга то и знай сновала изъ угла въ уголъ, вносила чемоданы, ящики, баулы. Даша, узнавъ о предстоящей поѣздкѣ, какъ будто оживилась, и когда наступилъ день отъѣзда, даже съ аппетитомъ позавтракала, чего не случалось съ тѣхъ поръ, какъ уѣхала изъ родительскаго дома. Крестная мать ея была очень довольна и, начертивъ планъ путешествія, рѣшила ровно черезъ полтора мѣсяца съѣхаться съ докторомъ на тѣхъ самыхъ минеральныхъ водахъ, гдѣ лѣчился дѣдушка Маши.

Полтора мѣсяца пролетѣли очень быстро; каждый день приходилось видѣть что нибудь новое, интересное, обстановка была самая благопріятная. Елизавета Николаевна, какъ женщина съ хорошими средствами, не любила отказыватъ себѣ ни въ чемъ: ѣхала съ Дашею въ отдѣльномъ купе перваго класса; на станціяхъ изъ буфета имъ приносили въ вагонъ прекрасный обѣдъ, завтракъ; если онѣ останавливались гдѣ нибудь, то всегда брали номеръ въ одномъ изъ лучшихъ отелей, и тамъ тоже конечно, не стѣсняясь расходомъ, требовали все, что только приходило въ голову; посылали за экипажемъ и отправлялись кататься. Все это не могло не увлекать Дашу; дѣвочка порою очень оживлялась, но, къ крайнему огорченію крестной матери, оживленіе это дѣйствительно являлось только порою. Стоило оставить ее одну на нѣкоторое время, какъ блѣдное личико снова дѣлалось грустнымъ и задумчивымъ, она упорно начинала смотрѣть въ одну точку и на всѣ вопросы отвѣчала самымъ лаконическимъ образомъ.

Но вотъ наконецъ въ одинъ прекрасный день пріѣхали онѣ на извѣстныя намъ минеральныя воды и, по обыкновенію, расположились въ лучшей гостинницѣ; докторъ долженъ былъ явиться на слѣдующее утро. Погода стояла восхитительная. Елизавета Николаевна предложила Дашѣ прогуляться.

— Здѣсь кажется особенныхъ достопримѣчательностей нѣтъ,— сказала она:— а все-таки возьмемъ коляску и проѣдемся по городу.

— А еще того лучше, пойдемте пѣшкомъ, вотъ въ этотъ сосѣдній лѣсокъ, онъ мнѣ почему-то кажется такимъ заманчивымъ.

— Изволь, душа моя, съ удовольствіемъ.

Надѣвъ шляпы, онѣ немедленно вышли на улицу и направились къ лѣсу. Чѣмъ ближе подходили къ зеленѣющимъ деревьямъ, тѣмъ сильнѣе и сильнѣе начинали чувствовать окружающій ихъ ароматъ отъ безчисленнаго множества растущихъ тамъ цвѣтовъ: все кругомъ было такъ хорошо, тихо, такъ величественно покойно... Даша вошла въ лѣсъ и, съ любопытствомъ оглядываясь по сторонамъ, залюбовалась большими деревьями; нѣкоторыя изъ нихъ были до того толсты, что двумъ человѣкамъ казалось трудно охватить; по землѣ тамъ и сямъ разстилалось какое-то необыкновенное ползучее растеніе, нѣсколько напоминавшее собою плющъ, съ тою только разницею, что оно было осыпано мелкими красненькими цвѣтами, чего на плющѣ никогда не бываетъ.

– Посмотри-ка, Даша, твои глаза лучше моихъ; кажется тамъ подъ деревомъ стоитъ скамейка.

– Да, вы не ошиблись.

– Какъ хорошо; я не прочь присѣсть – пойдемъ туда.

– Пойдемте.

И онѣ расположились на низкой деревянной скамейкѣ, мимо которой довольно часто проходили гуляющіе.

– Еслибъ можно остаться въ этомъ лѣсу навсегда,– замѣтила Даша съ глубокимъ вздохомъ.

– Онъ тебѣ очень нравится?

– Очень; нигдѣ еще не дышалось такъ легко и пріятно.

– Это правда, здѣсь воздухъ отличный.

– Кромѣ воздуха, лѣсъ этотъ имѣетъ въ себѣ что-то необыкновенное; я чувствую себя въ немъ такъ отрадно, какъ давно и нигдѣ не чувствовала.

– Дай Богъ! Моя завѣтная мечта, Даша, чтобы тебѣ было хорошо и отрадно. Но я желаю, чтобы это было не только здѣсь, а всегда и вездѣ...

Дѣвочка грустно покачала головою.

– Отпустите меня домой, дайте возможность опять ежедневно видѣть Машу,– сказала она едва слыши" мнѣ опять будетъ весело и отрадно...

– Даша, Даша, неужели тебѣ худо у меня, неужели ты еще не довольна своею обстановкою.

– Нѣтъ, Елизавета Николаевна, и вами и окружающею обстановкою невозможно быть недовольною; я вполнѣ цѣню всѣ ваши заботы, все вниманіе, но что же мнѣ дѣлать, когда не могу позабыть Машу!

– Нельзя, другъ мой, ради привязанности къ Машѣ жертвовать своею будущностью.

Дѣвочка взглянула вопросительно. Елизавета Николаевна повела длинную рѣчь о томъ, какая разница для нея жить дома или оставаться у крестной матери... Даша слушала разсѣянно, продолжая неподвижно стоять около скамейки до тѣхъ поръ, пока вдругъ гдѣ-то по близости между кустарниками раздался шорохъ, и затѣмъ изъ среды густой зелени показалось розовое платье дѣвочки; она держала въ рукахъ корзинку, полную грибовъ и ягодъ, соломенная шляпка ея, отдѣланная голубыми лентами, спустилась на спину, прекрасные бѣлокурые волосы распадались локонами по плечамъ и шеѣ, она шла довольно скоро, но затѣмъ, случайно взглянувъ на скамейку, гдѣ сидѣла Елизавета Николаевна и ея крестница, вдругъ остановилась, какъ вкопанная.

– Даша...– проговорила она нерѣшительно;– неужели это ты?.. Здѣсь... какими судьбами?..

– Маша!– послышался въ отвѣтъ ей милый, давно знакомый голосъ и, поспѣшно бросившись одна къ другой, пріятельницы крѣпко обнялись, заплакали и замерли въ долгомъ, долгомъ поцѣлуѣ... Елизавета Николаевна смотрѣла на нихъ молча... Все это случилось до того быстро, до того неожиданно, что она въ первую минуту не хотѣла даже вѣрить собственнымъ глазамъ, но когда маленькая питомица снова подошла къ скамейкѣ, ведя за руку свою дорогую подругу, то сомнѣваться было невозможно... Передъ нею дѣйствительно стояла Маша...

Дѣвочки начали разговаривать; у нихъ за все время разлуки такъ много накопилось на сердцѣ, что бесѣда легко могла протянуться до самаго вечера. Елизавета Николаевна взглянула на часы и напомнила о томъ, что давно пора возвращаться по домамъ.

– Когда же мы опять сойдемся?– спросила Даша.

Подруга ея посмотрѣла вопросительно на Елизавету Николаевну.

– Когда хотите,– отвѣчала послѣдняя.

– Конечно, какъ можно скорѣе,– отозвалась Даша.– Вечеромъ сегодня ты приходи ко мнѣ, а завтра я къ тебѣ – какъ бывало дѣлывали прежде. Утромъ же постоянно можемъ встрѣчаться на прогулкахъ, пока останемся здѣсь конечно.

– А потомъ что будетъ?

– Какъ потомъ?

– Когда придется опять разстаться?

– Ахъ не напоминай про это; не надо... не надо...

Крѣпко расцѣловавшись, дѣвочки разошлись въ разныя стороны.

Придя въ отель, Елизавета Николаевна и Даша уже застали тамъ доктора, который, согласно данному обѣщаніе, прибылъ аккуратно.

– Что моя паціентка? каково ведете себя?– обратился онъ шутя къ Дашѣ: – о, да она молодецъ,– добавилъ онъ, не дождавшись отвѣта,– я вижу на хорошенькихъ щечкахъ даже румянецъ – это меня очень радуетъ.

Даша дѣйствительно съ минуты своего свиданія съ Машей успѣла даже нѣсколько измѣниться къ лучшему; глазки ея разгорѣлись, на губахъ появилась прежняя улыбка- она, очевидно, была совершенно счастлива. Но Елизавету Николаевну нисколько не радовала эта быстрая перемѣна – она отлично понимала, что тутъ причиною неожиданное свиданіе, и очень боялась вторичной разлуки пріятельницъ. Воспользовавшись первою удобною минутою, когда осталась вдвоемъ съ докторомъ, она сообщила ему свои опасенія. Докторъ согласился съ нею, и сказалъ, что, по его мнѣнію, это свиданіе можетъ имѣть дурныя послѣдствія для Даши.

– Придется просить вашего мужа устроить переводъ отца маленькой подруги въ Петербургъ,– продолжалъ онъ.

– Это сдѣлать не такъ легко, какъ кажется!

Докторъ пожалъ плечами.

– Но можетъ быть еще все обойдется благополучно.

– Можетъ быть; кто знаетъ! Только довольно сомнительно.

– Знаете что; я завтра же объявлю Дашѣ о моемъ намѣреніи уѣхать отсюда.

– Еще того лучше, безъ всякихъ предупрежденій, увезите ее экспромтомъ.

Елизавета Николаевна поблагодарила доктора за совѣтъ и, ни слова не говоря крестницѣ, призвала служившую въ гостинницѣ горничную и велѣла немедленно укладывать вещи, приказавъ дѣлать все самымъ незамѣтнымъ образомъ. Но Даша, какъ-то случайно проходя черезъ коридоръ, наткнулась на номерного, который несъ чемоданъ ихъ.

– Куда это?– спросила она.

– Въ комнату Елизаветы Николаевны.

– Зачѣмъ?– и сердце дѣвочки дрогнуло.

– Укладывать вещи.

– Развѣ Елизавета Николаевна приказала?

– Да; она и счетъ изъ буфета потребовала.

– Для чего?

– Уѣзжать, должно быть, собираются.

– Не можетъ быть. Она ничего не сказала мнѣ, тогда какъ прежде всегда предупреждала о днѣ отъѣзда заранѣе.

– Ну ужъ этого не знаю, барышня, не мое дѣло; велѣно укладывать вещи, я и несу чемоданъ,– остальное меня не касается.

Говоря это, горничная отправилась далѣе, а Даша, оставшись въ коридорѣ, опять уставилась глазами въ одну точку, и не двигалась съ мѣста до тѣхъ поръ, пока Елизавета Николаевна, наконецъ замѣтившая отсутствіе питомицы, позвала ее.

– Я здѣсь, что вамъ угодно?

– Что ты тамъ дѣлаешь одна въ проходномъ коридорѣ?

Даша немедленно явилась на зовъ и, едва сдерживая слезы, проговорила нерѣшительно.

– Развѣ мы скоро уѣзжаемъ?

– Почему ты такъ думаешь?

– Сію минуту пронесли чемоданъ, который вы приказали укладывать.

Елизаветѣ Николаевнѣ было очень непріятно, что секретъ открылся; она въ первую минуту хотѣла разувѣрить Дашу, но затѣмъ рѣшила лучше дѣйствовать сразу, какъ совѣтовалъ докторъ, и сказала серьезно.

– Да, мы завтра отправляемся съ первымъ поѣздомъ.

Даша опустила головку, сѣла на диванъ и заплакала.

– Опять старая пѣсня! Пора бы кажется кончить.

Дѣвочка продолжала плакать.

— Не есть ли это величайшая глупость съ твоей стороны? Что тебѣ такое Маша за близкая родственница, безъ которой нельзя обойтись!

Даша пристально смотрѣла на Елизавету Николаевну, которая впервые говорила съ нею такимъ серьезнымъ тономъ; это ее немного озадачило.

— Нечего смотрѣть; я не измѣню рѣшенія, во-первыхъ, потому, что хочу поставить на своемъ, а во-вторыхъ, по моему личному взгляду. Ты просто напускаешь на себя какую-то дурь. До сихъ поръ я старалась дѣйствовать ласкою, угожденіемъ, теперь буду поступать иначе.

— Такъ, значитъ, мы непремѣнно завтра уѣдемъ?

— Непремѣнно.

— Въ которомъ часу?

— Съ первымъ поѣздомъ.

— Но въ которомъ приблизительно часу?

— Право не знаю, для чего тебѣ эти подробности?

— Мнѣ бы хотѣлось проститься съ Машей.

— Опять Маша! далась она тебѣ... Ну, что за бѣда, если уѣдешь не простившись, когда-нибудь потомъ увидитесь.

Даша опустила глаза и молча начала крутить кончикъ своего чернаго шелковаго передника, а Елизавета Николаевна, нервно передернувъ плечами, принялась ходить изъ угла въ уголъ. Въ комнатѣ наступила тишина.

— Пора спать; завтра надо подняться раньше обыкновеннаго. Ступай, Даша, раздѣвайся,— приказала Елизавета Николаевна.

Даша молча встала съ дивана, молча поцѣловала ручку крестной матери и удалилась въ спальню, куда, вскорѣ послѣдовала Елизавета Николаевна. Когда она вошла въ комнату, дѣвочка еще не спала; по краснымъ, вспухшимъ глазамъ ея не трудно было догадаться, что она плакала, но крестная мама или дѣйствительно не обратила вниманія на ея слезы или просто не замѣтила ихъ.

— Спи,— сказала она коротко и начала раздѣваться.

Но длиннымъ корридорамъ отеля долго еще слышалась ходьба; наконецъ, послѣ полуночи все стихло, всѣ очевидно заснули... заснула и Елизавета Николаевна, долго думавшая надъ тѣмъ, какъ бы посильнѣе повліять на крестницу. Она уже начала видѣть во снѣ свою милую Дашу большою барышнею, разряженною по послѣдней картинкѣ. Вотъ она собирается на большой балъ... Даша стоитъ передъ трюмо, двѣ молоденькія горничныя и модистка надѣваютъ на нее прелестное бѣлое платье, убранное живыми цвѣтами... Личико Даши выражаетъ полное удовольствіе... Елизавета Николаевна чувствуетъ, что она счастлива ея счастіемъ... чувствуетъ, что Даша будетъ красивѣе и наряднѣе всѣхъ на балѣ... что ея собственное самолюбіе въ концѣ-концовъ удовлетворено сполна...– какъ вдругъ гдѣ-то раздается болѣзненный стонъ. Елизавета Николаевна открываетъ глаза и къ крайнему сожалѣнію видитъ, что все это было не болѣе какъ сонъ... на мѣсто нарядной барышни, собирающейся на балъ, передъ нею прежняя маленькая, тщедушная дѣвочка, которая лежитъ на кровати и стонетъ до того громко и болѣзненно, что, слушая ее, сердце разрывается на части.

– Даша, что съ тобою?– тревожно спросила Елизавета Николаевна.

Но дѣвочка, вмѣсто отвѣта, простонала еще сильнѣе.

Елизавета Николаевна встала, зажгла свѣчку, подошла къ кровати Даши, приложила руку къ ея лбу, и чуть не отскочила въ ужасѣ, до того лобъ этотъ показался ей сухимъ и горячимъ. Сообразивъ, что дѣло неладно, она послала за докторомъ, который, послѣ тщательнаго осмотра, объявилъ, что у нея начинается горячка.

– Значитъ отъѣздъ придется отложить?

– Конечно, теперь не до отъѣзда! Дай Богъ во-время захватить бѣду; положеніе больной очень серьезное.

Дашѣ дѣйствительно съ каждымъ днемъ становилось все хуже и хуже; были такія минуты, что она находилась между жизнью и смертью. Маша, узнавъ объ опасномъ состояніи подруги, рвалась сидѣть около ея постели; но дѣдушка, изъ страха, чтобы она не заразилась, не позволилъ этого. Дѣвочка должна была ограничиться тѣмъ, что ежедневно приходила освѣдомляться, и на минутку забѣгала въ комнату больной, глядя на страданія которой сама замѣтно худѣла. Родители

Даши тоже пріѣхали; они были почти въ отчаяніи, и на общемъ совѣтѣ порѣшили, если дѣвочка поправится, отвезти ее обратно къ себѣ и оставить до тѣхъ поръ, пока состоится переводъ въ Петербургъ отца Маши, о которомъ, съ его согласія, мужъ Елизаветы Николаевны давно уже хлопоталъ.

Черезъ двѣ недѣли, наконецъ, Дашѣ сдѣлалось легче.

– Благодаря Бога, она спасена!– сказалъ однажды докторъ.

Кризисъ миновался, дѣвочка останется жива.

Родители набожно перекрестились... Не менѣе ихъ радовалась Елизавета Николаевна, считавшая себя въ душѣ невольной виновницей всего случившагося.

– Теперь я понимаю, насколько Даша умѣетъ чувствовать,– говорила она:– и при свидѣтеляхъ даю слово не дѣйствовать на нее силою. Будь покойна, моя крошка,– объявила молодая женщина дѣвочкѣ, когда она съ разрѣшенія доктора первый разъ встала съ постели:– ты теперь поѣдешь домой и никогда не разстанешься съ Машей. Мой мужъ хлопочетъ о томъ, чтобы отецъ послѣдней, и твой папа были переведены въ Петербургъ.

– Тогда мы съ Машей опять заживемъ вмѣстѣ?

– Да, опять по старому; съ того только разницею, что изъ маленькаго уѣзднаго городка переѣдете въ Петербургъ.

Даша бросилась на шею крестной матери и со слезами благодарности горячо поцѣловала ее.

Содержание

www.ingramcontent.com/pod-product-compliance
Lightning Source LLC
Chambersburg PA
CBHW021006090426
42738CB00007B/671